産経NF文庫
ノンフィクション

# 世界を予言した映画80本

瀬戸川宗太



潮書房光人新社

## まえがき

現在、わが国をめぐる政治情勢は一日ごとに変化しているといって差し支えないほど短期間に激しく揺れ動いている。本書でも触れている中国による台湾侵攻への準備が着々と進み、尖閣諸島への中国公船の領海侵犯も目に見えて露骨になった。加えて、北朝鮮によるミサイル発射は常態化している。

以上のごとく東アジア地域の軍事バランスが崩れ、戦争の危機が目前に迫っているにもかかわらず、日本国民の国防意識は、アメリカの軍事力が圧倒的だった頃の平和思考からいまだに抜け出せていない。が、さすがにロシアによるウクライナ侵略の現実を前に覚醒し始めたといえよう。

本書は、二〇一七年五月号から二〇二二年十一月号まで月刊誌「正論」「Ｈａｎａｄａ」「Ｖｏｉｃｅ」に書いてきた政治と映画についての論考を、掲載された順にまとめたものだが、改めて読み返し、わずか五年ほどの間に、歴史的大事件や出来事が立て続けに起きていることにまず驚く。それに月刊誌では扱えなかった安倍晋三元首相の暗殺を加えれば、日本をとりまく東アジア情勢は激動の時代に入ったといわねばならない。

取り上げた論考は政治、社会現象を、様々な映画を思い浮かべながら考察するという独特な手法を用いているため、堅苦しく感じている事柄について面白く読んでいただけるのではないか。わが国は欧米と違い、政治問題はとかく敬遠されがちだが、映画談義という形でなら、政治の議論もすんなり受け入れられるのではないかと、前々からずっと考えて来た。

しかし、その際注意しなければならないのは、映画を方便として政治を語ると、その魂胆がすぐ見抜かれることだ。映画の話をきっかけに、せっかく政治問題に関心を寄せても、書き手が同レベルの映画好きか、それ以下であると、読者は映画に愛着のない文章に嫌気がさして、途中で読むのを止めてしまう。映画分析の部分も政治分析と同じく、詳細かつ的確に叙述されていなくてはならない。

それが、本書でどの程度まで達成されているかは、読者の判断を待つ他はないが、いま、五年前から月刊誌に掲載された論考を読み通すと、トランプ、オバマ、バイデン、各大統領への評価をはじめ、中国、北朝鮮、ロシア、各国の実情について、思いの他的確な分析をしていたのが分かる。現時点では、当時書いた内容について、修正する必要がないと感じた。

その点に関して、担当編集者が「予言的な論考ですね」と評してくれたメリットを生かし、可能な限り月刊誌掲載時のままにしてある。実を言えば、文章上直したい箇所は結構あるのだが、あえて訂正や加筆をせず、証言記録的な意味合いを持せるようにした。明らかな誤植の訂正、それと年代・語句を分かり易くするために加えた説明文以外は、変えずに文章化している。ご了承願いたい。

写真協力／公益財団法人川喜多記念映画文化財団

# 世界を予言した映画80本
——目次

# 世界を予言した映画80本

# 政治に歪められた映画たち

## 作品の出来より「右翼」「左翼」のレッテルが優先する奇天烈

『海賊とよばれた男』『永遠の0《ゼロ》』『あゝ予科練』『雲ながるる果てに』
『スノーデン』『JFK』『ハドソン川の奇跡』

### 映画の内容が語られない

近年の映画評を読みながら感じるのは、「なるほど」と思わせる文章に出会う機会がめっきり減少したことである。作品価値を正当に評価する批評力が弱まっているせいだ。『海賊とよばれた男』（二〇一六年）に対するマスコミ評などは、その代表例といえよう。本作は大宣伝されていたわりに、映画の内容や出来具合について語られることがほとんどなく、岡田准一をはじめ出演俳優たちへのインタビューがやたらと目立つので、奇異な感じを受けたほどである。新聞、雑誌、テレビの紹介を読んだり、見たりしただけでは、映画としての完成度が皆目わからない。

俳優へのインタビュー以外では、せいぜい山崎貴監督の発言やVFX等撮影技術について触れている文章を散見する程度だから、「原作のことやドラマの評価はいったいどうなっているのか」と、つい突っ込みを入れたくなった。これほど原作者のことや小説の内容についてないがしろにされたケースも珍しい。これでは原作者の百田尚樹氏を意図的に無視していると判断されても仕方があるまい。

百田氏に対し、一部のマスコミが「右翼」のレッテルを貼り、彼の書いたものを忌避していることはよく知られているが、『海賊とよばれた男』の思想ないし歴史認識にもし批判があるなら、そのことを文章で書くか、発言すれば済むことである。が、原作の小説は大ベストセラー、書かれてある内容についての反論などとんと目にしたこともなければ、聞いたこともない。もっとも小説は、出光佐三《いでみつさぞう》氏の個人史や明治・大正・昭和史の文献を使い、丹念に調べて書かれているから、そんな反論に無駄な時間を費やす者がいるとも思えないが、とにかく奇妙な話である。

## 自分勝手に作品を裁断

そもそも、双葉十三郎《ふたばじゅうざぶろう》氏や荻昌弘《おぎまさひろ》氏等優れた映画評論家たちが活躍していた時代は、どのような政治的立場の作品であれ、映画として正当に評価し、批評文を書くのが当たり前だった。左翼映画評論家の重鎮岩崎昶《いわさきあきら》氏にしても、右翼的な作品だから無視するとか、頭からダメだと決めつける愚かな態度をとったことはない。当時の評論家たちの言に従えば、百田尚樹氏の小説を基にした映画『永遠の0《ゼロ》』（二〇一三年）も、その年のベストテン入りは当然ということになるだろう。

ただし、特攻隊映画は、東映作品をはじめいくつも制作されているにもかかわらず、評価に値するものがわずかしかないのも事実。私が高校生の時に観た『あゝ予科練』（一九六八年）は、当時のアイドル歌手西郷輝彦らが演じる特攻隊員を、軍歌等を使いカッコよく見せようという魂胆が透けて見え、不快にさえ感じた。

しかし、『永遠の0』には、そのようなあざといシーンは登場せず、むしろ特攻隊員の最期をリアルに描写し、同攻撃作戦の悲劇性を前面に押し出すことによって、戦死した隊員たちの青春群像を浮き彫りにしている。作品の性格からすると、家城巳代《いえきみよ》治《じ》監督、鶴田浩二主演の反戦映画『雲ながるる果てに』（一九五三年）に近いが、同作品のように、特攻を命じる上官をことさら悪人として誇張するような描き方や、隊員たちの戦いを軍国主義一色に塗りつぶすことはしていない。『雲ながるる果てに』が製作されたのは、GHQ（連合国軍最高司令部）民生局による映画界への政治指導が権力的に行なわれていた占領直後である。日本の主権が他国に奪われていた異常な時代の名残がまだ濃厚に漂っていた。映画は時代のさまざまな影響を受けるため、特定の社会状況を反映せざるを得ないが、時代的制約の中でスタッフ・キャストが創造性を発揮し、どれだけ普遍的価値のある作品を生み出すことができるかが、勝負のしどころとなる。

ところで、映画は確かに誰でも批評できるように見えるし、実際そのような印象批評が巷《ちまた》に溢れているが、実はそう簡単なものではなく、批評する側は、歴史や政治に関する深い知識はもちろん、様々な学問に通じていることが不可欠。自分勝手な思いつきで作品を裁断するようなことがあってはならない。芸術に対する直観は、ベースに大量の知識があってこそ、本物の閃《ひらめ》きをもたらす。前述した映画評論家たちが、才能あふれる仕事を続けることができたのも、彼らが豊富な知識と鋭い直観力の両方を兼ね備えていたからにほかならない。

## 思い込みに囚われた人びと

さて、映画界だけでなく政界の現状をきちんと見極めていないと、左右の政治スタンスを読み間違えてしまう複雑な状況がハリウッドでも生じている。

私は、二〇一七年一月十八日に来日したオリバー・ストーン監督の記者会見に出席し、ハリウッドの映画会社が新作『スノーデン』（二〇一六年）にまったく非協力だった事実を、監督が怒りの感情を抑えながら日本のマスコミ関係者に語るのを聞いた。大ヒット作『ＪＦＫ』（一九九一年）を制作した時も彼に対するハリウッド映画界の圧力が強かったから、そんな状況を知っても「またか」と思うぐらいだったが、まさか今年のアカデミー賞授賞式にまで、同問題が持ち込まれるとは思いも寄らなかった。

注目すべきは、記者会見当日、夜のＴＢＳニュースにオリバー・ストーン本人がゲ

『JFK』――ケネディ大統領暗殺現場を再現した模型の前に立つ地方検事ジム・ギャリソン役のケビン・コスナー

スト出演したときの発言。TBSのインタビュアーは、監督が安倍首相の真珠湾公式訪問（二〇一六年十二月）を批判しているから、たぶんトランプ新大統領に反対の立場を表明すると思っていたのだろう。「トランプ大統領についてどう思われますか」とごく自然に質問を投げ掛けたところ、監督は「日本の皆さんはどうも誤解されているようですが……私はトランプ大統領に期待しています」とまったく予期しない感想を述べたのである。そのときのインタビュアーの驚いた表情が忘れられない。実はそのインタビュアーだけでなく、日本人には同様の思い込みに囚《とら》われている人が多く、主な原因は不勉強のゆえなのだが、我が国の新聞やテレビ等大手マスコミの責任も大きいといえる。

## バノンもハリウッドの異端児

これに関してはアメリカのマスコミも似たり寄ったりで、テレビ・新聞批判を繰り返すトランプ大統領へ、感情的に反発しているとしか思えない報道が多く、わが国に正確な情報が伝わってこない。新大統領の奇矯な発言や行動ばかりがニュースとして流れ、新政権の全体像が見えてこないのだ。もちろんトランプ自身の責任もあるが、このようなアメリカマスコミの報道姿勢は、新聞購読料を稼ぎ、テレビの視聴率を上げる目的で、昨年の大統領選挙中に面白可笑《おか》しくトランプ候補を取り上げたときと、何ら変わっていない。これでは、全米のマスコミが、マッチ・ポンプそのものと批判されても抗弁のしようがないだろう。

一方、二〇一六年の大統領選挙戦を鋭く分析したのが、映画『ボウリング・フォー・コロンバイン』（二〇〇二年）でアカデミー長編ドキュメント賞を受賞した監督のマイケル・ムーア。ヒラリー・クリントンが落選し、トランプが当選することを予測した数少ない有名人の一人である。ムーア自身は、クリントン支持の左翼急進派だが、ラストベルト（アメリカ合衆国の中西部地域と大西洋岸中部地域の一部にわたる脱工業化が進んでいる領域を表現する呼称）の労働者たちの動向をつぶさに調べることによって、トランプ候補の勝利を確信したという。同候補の反グローバル資本主義の選挙政策がラストベルトの労働者の票を大幅に獲得すると予測した。

オリバー・ストーン、マイケル・ムーアというハリウッドを代表する二人の異端児が、一人はトランプに期待を寄せ、一人はその勝利をいち早く予測するという現象は、日ごろ日米のマスコミ報道にどっぷりと浸かっている我々の目を覚ましてくれる。

その点、もう一つ興味深いエピソードを紹介しよう。二〇一七年二月二十一日にテレビの報道番組（『BSフジLIVEプライムニュース』）で、会田弘継・青山学院大教授が、「バノンはマイケル・ムーアを尊敬している」と発言したことである。これにはさすがにビックリ。バノンとは、トランプ大統領の側近スティーブ・バノンのこと。この人物は、新政権のブレーンのなかで、白人至上主義の極端な思想の持主としてマスコミを賑わせているが、ハリウッドで、何本かのドキュメンタリーフィルムを制作している。つまり、彼もハリウッドの異端児なのだ。

## アカデミー賞史に残る汚点

そして、今年のアカデミー賞受賞式での出来事。アカデミー賞が政治動向に左右されたり、作品評価に関わりなく、さまざまな理由で賞が与えられたり、与えられなかったりすることは、これまで何度も繰り返されてきたから、今回予想外の人物や作品にアカデミー賞が与えられた件にいちいち文句をつけようとは思わない。が、授賞式の会場全体が、反トランプ集会の様相を呈していたのは行き過ぎのように感じた。作品賞受賞時での、前代未聞の大失態はそのような会場の雰囲気と何らかの関係があるのではないか。

過去にアカデミー賞が誤って渡された事実はなく、ジョークで違う作品をわざと読み上げたことはあっても、受賞者でない人に渡してしまうアクシデントはなかった。今回の事件はアカデミー賞の歴史に残る汚点となるだろう。

また作品的に高い評価を受けていた『スノーデン』が二〇一七年一月公開のため対象作品とならなかったのは偶然だろうか。本作は、オバマ政権による国民監視体制を、

『スノーデン』――米国家安全保障局(NSA)による盗聴を告発した元職員エドワード・スノーデンを演じたジョセフ・ゴードン=レビット
〈写真：ALBUM/アフロ〉

ジョージ・オーウェルの小説『一九八四年』の世界になぞらえて描いたポリティカルサスペンスの傑作である。出演者たちの演技も見事だった。が、すでに詳述したようにオリバー・ストーン監督はトランプに期待を寄せ、しかも映画の内容はオバマ前大統領批判に直結するから、アカデミー賞の話題に上らせたくなかったはずである。何らかの力が作用したのではないか。

クリント・イーストウッド監督の『ハドソン川の奇跡』(二〇一六年)は日米で大ヒットした評判作だが、この作品についてもアカデミー賞授賞式では、そんな映画あったかなといった常識ではありえないムード。イーストウッドもトランプ支持派だから、舞台に上げたら何を言い出すかわからないということなのか。

## あまりのご都合主義

というように、様々な疑問や憶測が飛び交う異例ずくめのアカデミー賞受賞式だったが、わが国の映画界も海の向こうの出来事だと、のほほんとしているわけにはいかないだろう。

本論考の最初に書いた『海賊とよばれた男』や『永遠の0』についての評価に思いを致すべきだ。百田尚樹氏に対するレッテル貼りは、オリバー・ストーンへのハリウッドの対応を想起させる。

そんな考えを巡らせながらインターネットを見ていたら、トランプ支持を表明したストーン監督を「右翼」呼ばわりしている文章にさっそく出くわした。そのネット投稿者によれば、彼は「もともとアメリカの愛国主義右翼」なのだそうだが、あまりのご都合主義に唖然《あぜん》とする。『ＪＦＫ』や『ニクソン』（一九九五年）等の反権力映画を制作した時は「左翼」と言われ、今回は正反対の「愛国主義右翼」だと批判される。かくのごとく「右翼」だとか「左翼」だとかいうレッテルは、古今東西じつにいい加減なものにすぎない。

（「Ｖｏｉｃｅ」二〇一七年五月号　ＰＨＰ研究所）

# 北朝鮮危機は映画に学べ

## キューバ危機映画を振り返る――傑作が描いた核危機と共産スパイ組織の闇

『五月の七日間』『影なき狙撃者』『真実の瞬間』
『ブリッジ・オブ・スパイ』『13デイズ』『博士の異常な愛情』

### キューバ危機の再来

北朝鮮は、今年（二〇一七年）中にＩＣＢＭ（大陸間弾道ミサイル）を完成するのではないか。ＩＣＢＭが完成すると、北朝鮮は既に核兵器の小型化に成功しているというので、米国本土への核攻撃の可能性は格段に高まる。

それに金正恩《キムジョンウン》は、好戦的で残忍な独裁者、トランプ政権が核ミサイルによる被害を受ける前に、先制攻撃を仕掛ける可能性も、日に日に強まらざるを得ない。〔二

○一七年十一月二十九日、北朝鮮は全米を射程圏に捉えるＩＣＢＭ「火星15」の発射に成功と発表）

加えてトランプ大統領は、ＣＮＮをはじめ米マスコミから批判の集中砲火を浴び、ロシア疑惑や人種差別問題で窮地に立っているから、その打開策として金正恩政権打倒（北朝鮮内反乱分子のクーデタ工作や米特殊部隊の奇襲攻撃等を含む）に踏み切る可能性も十分考えられる。九月九日の北朝鮮建国記念日を目前に控え、朝鮮半島の緊張は極度に高まっていると言えよう。

以上のような情勢は、一九六二年十月のキューバミサイル危機を彷彿とさせる。これまでも、北朝鮮のミサイル開発や核実験は、「極東におけるキューバ危機」と称されることもあったが、危機はその状況下で暮らす人々が事態を自覚することがまず大前提。

わが国の場合、北朝鮮の明確な攻撃目標になっているにもかかわらず、日本国憲法に象徴される特殊な平和についての観念が国民の中に広く浸透したせいで、他国の侵略から自国を守る国防意識が希薄となり、現在、日本国民の多くは危機を危機として認識できなくなってしまっている。

尖閣諸島で繰り返される中国公船の領海侵犯についての反応などはその典型。日本人の国防意識の劣化に気付いた中国は、これなら行けると判断したのだろう、最近では中国自身が日本領と認めている領海にさえ公然と侵入しはじめている。中国・北朝鮮寄りのわが国大手マスコミによる偏向報道もひどい。どこの国の新聞・テレビ番組なのかと疑うような報道ばかりが目に付く。だが、何よりもいちばん気掛りなのは日本国民の相変わらずの能天気ぶりである。

それに対し、米国民は全く違う。一九六二年の時点でもキューバにソ連の中距離ミサイルが配備されていることが判明すると、民衆レベルで危機意識が一挙に高揚し、即座にソ連・キューバとの戦争準備態勢に入った。個人で核シェルターを作っている場面や、核攻撃に対処する訓練を学校などが行なった映像を劇映画、ドキュメンタリーで観た人も多いだろう。

独立当初から戦争を繰り返して来た米国は、平和外交を推進すれば、戦争にならずに済むとは毛頭考えない。平和は軍事バランスや勢力均衡政策の中で維持されると確信するリアリストたちの国家である。

それゆえ、トランプ大統領に限らず、自国が危機に陥れば当然、武力行使を含む対抗措置を取る。キューバ危機の際、核戦争を回避しようと海上封鎖（国際法上は戦争行為に当たる）を実施したケネディ大統領を、タカ派呼ばわりした日本のマスコミとは、平和を実現するための思考回路が根本的に異なっているといわざるを得ない。北朝鮮によるＩＣＢＭや核開発の進展状況を見ればわかるように、キューバミサイル危機の再来と呼ばれる事態は、これからが本番となる。

一九六〇年代から今日に至るキューバ危機を背景とした映画を振り返るには、いまが絶好のタイミングではないか。事件を史実に則しかなり正確に映像化した作品は二〇〇〇年に制作されたケビン・コスナー主演の『13デイズ』だが、この小論では一九六〇年代前半に制作されたポリティカル映画の秀作を中心に、作品と時代との関係を分析していく。

## カリブ海における一触即発

まず、ジョン・フランケンハイマー監督の『五月の七日間』（一九六三年）。タカ派のスコット将軍（バート・ランカスター）が、ソ連に対抗するため極秘裏にクーデタを計画するが、大統領派がその動きを察知し、事前にスコット将軍らの陰謀を粉砕してしまう。

原作はピッグス（コチノス）湾事件——アイゼンハワー政権がCIAに計画させた亡命キューバ人グループによるキューバ侵攻作戦を、ケネディ政権も承認し実行に移したが、最終段階で大統領が米軍戦闘機の支援を拒否したせいで作戦は失敗。亡命キューバ人約百名が戦死し、千名以上がカストロ政権の捕虜となってしまう——をきっかけとした米軍内部の反ケネディ感情を背景とした同名のベストセラー小説。米国内での出版は一九六二年一月だが、映画はキューバ危機後に制作された（一九六四年二月公開）。

『五月の七日間』——クーデターを計画するジェームズ・スコット将軍役バート・ランカスター（左）と阻止を図るマーティン・ケイシー大佐役のカーク・ダグラス

スコット将軍は、国民的英

雄、空軍大将、統合参謀本部議長の要職にあるとされているから、今になってみると第二次大戦の英雄で、キューバの核ミサイル配備に対し空爆を強硬に主張したカーティス・ルメイ空軍大将をモデルとしていたことがわかる。背景に一九六二年十月のカリブ海における一触即発の事態があったことは言うまでもない。

## 共産スパイ組織の闇

軍部右派が大統領を拉致し、クーデタを画策するあたりは、一九六三年十一月のケネディ暗殺事件を思わせる。オリバー・ストーン監督が制作した『JFK』(一九九一年)と重なる内容を含んでいるため、そのクーデタ計画の過程を分析すると面白いが、小論の主旨から外れるので、ケネディ暗殺との関係についてはここでは深入りしない。

それより、同じジョン・フランケンハイマー監督が『五月の七日間』のすぐ前に制作した政治サスペンス『影なき狙撃者』(一九六二年)について詳述するほうが、いまの北朝鮮ミサイル問題の背後関係を探るには最適といえよう。本作も米ソ冷戦時代を題材にしているが、こちらは共産国のスパイ工作＝洗脳問題を取り上げ、シュールな映像を駆使して共産スパイ組織の闇を浮き上がらせている。

物語は、ソ連・中国・北朝鮮の情報機関が、朝鮮戦争に従軍した米軍人（ローレンス・ハーベイ）を洗脳して祖国に帰還させる。そして、米大統領候補を選挙演説中に暗殺させ、共産側のスパイである副大統領候補を大統領候補に昇格させるという大陰謀を映画化したものだ。

原作はリチャード・コンドンの政治ミステリ小説。大筋からわかるように、本作は翌年のケネディ大統領暗殺を予言したともいわれている。

しかし、ドラマに出てくるソ連スパイの副大統領候補を、一九五〇年代、赤狩りを推進したジョセフ・マッカーシー議員のイメージとダブらせているくだりは当時、荒唐無稽だと批判された。もちろん、マッカーシー議員はソ連のスパイなどではなかった。

赤狩りに対する制作側の解釈は、奇抜でユニークだが、共産スパイの潜入方法などに事実を無視した飛躍が見られる。が、それもやむを得ない。当時は、ソ連のスパイが米国内に大量に送り込まれ、政府機関の中枢にまで工作の手が及んでいることはよくわかっていなかった。

ソ連崩壊後、同国のスパイ組織の実態がヴェノナ文書等によって暴露された現在、『影なき狙撃者』を見直すと、実際とは異なるとはいえ、ソ連スパイの洗脳方法や工作の手法など共産主義者の本質をつく描写にはいまさらながら感心する。

今日の北朝鮮や中国によるスパイ工作の実態に精通している人には、なおさらリアルに感じられるだろう。現在進行中の対日工作も、中国・北朝鮮寄りの政治家やマスコミだけでなく、スパイとは一見無関係のように見える個人や組織を使い、陰に陽に実行されている。その有り様は、百鬼夜行・複雑怪奇というべきで、まさしく『影なき狙撃者』の世界そっくりだ。北朝鮮スパイの我が国への潜入工作は、日本人拉致の実行犯として現在国際指名手配されている辛光洙容疑者をはじめ、枚挙にいとまがない。

一九四三年から一九八〇年までの長期間にわたって、米陸軍情報部、後のNSA（米国家安全保障局）と英国の情報機関が協力して行なったソ連スパイ間で交信された多数の暗号電文を解読する秘密プロジェクト（ヴェノナ文書）が、一九九五年から公開され、それまでマッカーシズム＝赤狩りの犠牲者とみなされて来た人物たち（国務省の高官アルジャー・ヒス等）が、じつはソ連の協力者やスパイであったことが議論の余地なく証明されている。

かつて左翼やリベラル派に全否定されていたマッカーシズムも、嘘やデマばかりではなかった。日本でも赤狩りの犠牲者として知られている原爆スパイ、ローゼンバーグに対する見方の変化はその代表的なものだろう。

『影なき狙撃者』――ソ連は朝鮮戦争で捕虜にした米兵を洗脳、暗殺を実行させる

たとえば、一九九一年に制作されたロバート・デ・ニーロ主演の『真実の瞬間』には、スパイと疑われ死刑となったローゼンバーグ夫妻に対し同情を誘うシーンが描写されているが、二〇一五年に公開された『ブリッジ・オブ・スパイ』ともなると、主人公スピルバーグ監督は、（トム・ハンクス）の口を借り

て、ローゼンバーグをソ連のスパイ、国を裏切った人物として厳しく糾弾している。事実の解明が進んだ結果、『影なき狙撃者』が映し出したソ連スパイの不気味な姿は、かなり実態に近いことが現在では分かっている。

## 対日謀略の匂い

ところで、驚くのはソ連スパイの闇世界を活写した本作品の全米公開が、なんと一九六二年十月二十四日、キューバ危機の真最中だったこと。危機の十三日間とは、十月十六日火曜の午前中にケネディ大統領が、準中距離ミサイル発見の報告を受けてから、モスクワ放送が攻撃用兵器をすべてソ連へ送り返す、とフルシチョフの親書を読み上げた十月二十八日日曜までのことを指す。

映画制作サイドがわざわざ映画公開日を、十月二十四日に定めたとは思わないが、進行中の核戦争危機の背後でソ連をはじめ共産スパイが暗躍していたことは疑いなく、現在の北朝鮮ミサイル危機と北朝鮮スパイの暗躍がそのまま二重写しに見えてくるから凄い。

今年（二〇一七年）二月、マレーシアの空港で白昼堂々と行なわれた北朝鮮情報機関による金正男《キムジョンナム》（北朝鮮の元最高指導者金正日《キムジョンイル》の長男）暗殺は、あらためて共産主義国家の恐ろしさを教えてくれた。またその暗殺が奇怪な方法で実行されたすぐ後、安倍政権を貶める政治的事件があいついだことに注目すべきである。

政権側の弱点を拡大し、すべてを安倍首相の責任に仕立て上げていく手法に、謀略の匂いを感じとることができないようでは、日本国民の政治感覚は小学生レベルに低下したといわれても仕方があるまい。かつて米ＣＩＡの対日謀略について、盛んに真相を追及したわが国のマスコミが、こと北朝鮮や中国のスパイ工作に対しては及び腰になるのはなぜなのか。そんなことを考えながら観ると、『影なき狙撃者』は実に示唆に富んだ作品といえよう。

## 敵対国の真意を捉えるのは困難

最後に、キューバ危機の経過を二時間二十五分というワクのなかで、見事にまとめ上げた『13デイズ』について書く。

一九六二年十月、人類を破滅の淵に追い込んだ十三日間を描いた本作は、三十年以上極秘扱いされていた「ケネディ・テープ」が公開されたことを機に制作された。同テープは危機の最中に開かれたエクスコム（国家安全保障会議執行委員会）での白熱したやり取りを、ケネディ大統領が密かに録音していたもので、大統領本人をはじめ、マクナマラ国防長官、ラスク国務長官、ロバート・ケネディ司法長官、テイラー統合参謀本部議長等の発言が肉声で収録され、当時の緊迫した会議の様子をリアルに知ることができる。

「ケネディ・テープ」公開によって、映画は細部にわたるまで、危機の実相を正確に再現することができた。もちろん、ドキュメンタリーではないから、脚色されているところも当然あるが、ほぼ事実と思ってもらって差し支えない。

とはいえ、その全体像を詳述するのは、この小論ではとても無理なので、現在の北朝鮮ミサイル危機と深い関わりのある問題に絞って論じることにしたい。

いま、我々が肝に銘じておくべきことは、軍事的緊張感が高まっていく危機の進行過程では、敵対し合う両国は相手の真意を正しく捉えることがきわめて困難である、ということだ。そのため、偶発的に軍事衝突が発生し、それが全面戦争に発展する危険が常に存在しているといえよう。

一九六二年十月二十七日土曜の米偵察機U2撃墜は、現地のソ連軍副司令官の判断によって行なわれた。さすがにフルシチョフも青ざめたという。全面戦争やむなしと思われたこの重大事態以外、危機の十三日間には、ソ連領内に他のU2偵察機が誤って迷い込み、ソ連のミグ戦闘機に追尾された事件やキューバ領空を侵犯した米軍戦闘機が、対空砲火を浴びるなど、一触即発の状況が連続した。

一九六四年に製作されたスタンリー・キューブリック監督の傑作『博士の異常な愛情 または私は如何にして心配するのを止めて水爆を愛するようになったか』は、偶発性による核戦争の恐怖を、ブラックユーモアを交え描いている。現在の米国と北朝鮮も、当時の米ソと同様に意思疎通が図れないまま対峙し合っているため、ちょっとしたミスで戦争に突入するかもしれない。

しかも、今回は金正恩というどう見ても正気とは思えない独裁者が核ミサイルのボタンに手を掛けようとしている。

金正恩は八月にもグアム島へ向け四発の中距離ミサイル発射を行なうと宣言するなど、軍事挑発というよりも、火遊びといっていいような危険な行為を繰り返している

『博士の異常な愛情』――米国防総省地下の作戦会議室からホットラインでソ連首相と話すマフリー大統領を演じるピーター・セラーズ(手前左)

から、一九六二年の十月のカリブ海以上に、極東は核戦争の危機に見舞われているといえよう。

キューバミサイル危機を背景とした複数の傑作映画を合わせて観返すと、一九六二年十月を中心に、当時起きていた歴史の全貌が浮き上がって来る。事件を描いたドキュメンタリーフィルムでは、わからない真実に近づくことができるのではないか。

歴史は明らかとなった事実だけに依拠し、叙述、映像化しても真実はなかなか見えてこない。時には、大胆な仮説を立てることや想像力を働かせることが大切だ。その方法は誤りを生み出すこともあるが、一方で歴史の謎を解く重大なヒントを与えてくれる。今の日本人にはその想像力こそが必要とされているのではないか。

（「Ｖｏｉｃｅ」二〇一七年十月号　ＰＨＰ研究所）

# アカデミー賞の袋小路

## アメリカ社会の混迷——トランプ大統領の登場は黒人差別拡大の原因ではない

『ウィンストン・チャーチル』『ゲット・アウト』『JFK』
『羊たちの沈黙』『デトロイト』『私はあなたのニグロではない』
『手錠のまゝの脱獄』『招かれざる客』『スリー・ビルボード』

### 沈黙のハリウッド映画人

今年（二〇一八年）のアカデミー賞授賞式をテレビで観ながら、昨年の雰囲気との違いに驚くと共に、ハリウッド映画人の節操のなさにいささかがっかりさせられた。それにしても、一年前の反トランプの勢いはどこへ行ってしまったのだろうか。トランプ大統領を批判する絶好のチャンスだったのに、なぜか政権を揶揄《やゆ》する言葉は影を潜めた。

前回と打って変わった司会者ジミー・キンメルの及び腰の姿勢には、見ているこちらの方が気恥ずかしくなってくる。そんなキンメルが連発するジョークに、会場は最後まで盛り上がりを見せなかった。が、しらけムード最大の原因は、大物プロデューサー、ハーヴェイ・ワインスタインをはじめ、大スターのケヴィン・スペイシー等、多くのハリウッド映画人がセクハラで訴えられ、ワインスタインのように業界追放とまでいかなくても、出演作品の降板や活動の自粛を余儀なくされていたせいだろう。

民主党系のマスコミは、トランプ大統領のセクハラ発言を槍玉に挙げ追及していたが、それが巨大なブーメランとなって民主党支持派のハリウッド映画人を直撃したかたちである。なんだか、他人の不倫問題を盛んにあげつらっていたことが仇となり、自滅した立憲民主党の某女性国会議員みたいで、不謹慎かもしれないが笑ってしまう。

## 『ゲット・アウト』の政治的意図

さて、今年のアカデミー賞の変化は、受賞作品にも表われた。昨年、記憶に鮮明なのは、大方の予想に反して『ラ・ラ・ランド』（二〇一六年）が作品賞を逃し、『ムーンライト』（二〇一六年）にオスカーが渡された際の大アクシデント。

今回はさすがに受賞作をプレゼンターが誤って読み上げることはなく、大方の予想とも合致する『シェイプ・オブ・ウォーター』（二〇一七年）が作品賞に選ばれたが、もう一本有力視されていた『ウィンストン・チャーチル　ヒトラーから世界を救った男』（二〇一七年）が受賞しなかったことには、やはり疑問符がつく。

本作はナチスドイツとの戦いを避けようとする宥和《ゆうわ》主義との闘いを描いたものだが、現在、再び台頭しつつある全体主義の脅威と現代版宥和主義をアナロジーさせている。とはいえ、バランスを考慮したのか、チャーチルを演じたゲイリー・オールドマンに主演男優賞が与えられた。中国、北朝鮮等、軍事挑発を繰り返す全体主義国家が勢いを増す世界情勢を前に、チャイナマネーの影響で中国におもねるハリウッドがある程度の良識を見せたことは幸いだった。

気に掛かるのは、いくつかアカデミー賞候補に上がり、脚本賞に選ばれた『ゲット・アウト』（二〇一七年）だ。この映画は、たしかにそれなりに面白く見せるサイコ・ミステリ（ホラー映画）で、その点まで否定しようとは思わないが、アカデミー賞を受賞するような類《たぐい》の作品ではない。まともな映画ファンなら同じ思いを抱いたは

『ゲット・アウト』
Blu-ray：2,075円（税込）/DVD：1,572円（税込）
発売元：NBCユニバーサル・エンターテイメント
＊2023年2月の情報です

ずである。

受賞の理由は明白。登場する白人たちの黒人に対する冷酷で根深い差別主義を、エンタテインメント風に仕上げた功績を、現アカデミー賞協会が支持したからで、政治的意図が背景にあるのは疑いない。

これとよく似た出来事が、一九九二年の授賞式でも起こった。このときは、オリヴァー・ストーン監督のケネディ暗殺映画『ＪＦＫ』（一九九一年）が世界的に大ヒットし、批評家からも高い評価を受けたので、アカデミー賞を独占することが確実視されていたが、大統領暗殺を軍産複合体による陰謀として描いた反国家的な映画に、アカデミー賞を独占させるわけにはいかない、といった政治力学が働き、作品賞、監督賞など主要部門は、『ＪＦＫ』ではなくジョナサン・デミ監督の『羊たちの沈黙』（一九九一年）に渡された。

本来なら受賞対象にはならないサイコ・ミステリだったことなど『ゲット・アウト』そっくりだが、それでも『羊たちの沈黙』はトマス・ハリスのベストセラー小説が原作で、出演者もジュディ・フォスターとアンソニー・ホプキンスだったから、そのことを盾に世間の目を逸《そ》らすこともできた。だが、今回はオリジナル脚本で、演技派の大スターもいないため正当な理由を見つけるのは難しい。

しかも黒人差別がテーマなら、キャスリン・ビグロー監督の白人警官による黒人殺害をリアルに映像化した『デトロイト』（二〇一七年）がある。力作と言ってよく、『ゲット・アウト』より出来がいいのは、誰の目にも明らかだが、なぜか受賞の埒外《らちがい》に追いやられた。

むろん、アカデミー賞が作品の評価とは別に、さまざまな思惑により授与されるのは、これまでも繰り返されて来たので、そのこと自体に文句をつける気はないが、『ゲット・アウト』の差別に対する視点が、アメリカ社会を分裂に導く危険な性格を持っているため、その点について問題とせざるをえなかった。

## 袋小路に迷い込んだアメリカ

そこで、是非ご覧になって頂きたいのが、五月に公開された『私はあなたのニグロではない』（二〇一六年）というドキュメンタリー映画。本作を観れば、『ゲット・アウト』がアカデミー賞に選ばれた謎が解けることはもちろん、現在、アメリカ国内でエスカレーションしつつある白人と黒人の人種抗争の本質を知ることができる。

同ドキュメンタリーは、黒人作家ジェイムズ・ボールドウィンの未完成原稿等に基づき、公民権運動の指導者メドガー・エヴァース、マルコムX、キング牧師の人生を通して合衆国の黒人差別の歴史を映像化したものだが、その分析のために映し出されるハリウッド映画のくだりが面白く、目が離せない。

注目すべきは、シドニー・ポワティエ、トニー・カーティス共演の『手錠のまゝの脱獄』（一九五八年）のクライマックス。すでに二人を結び付けていた手錠は切り離されている。黒人のポワティエは走行中の貨物列車に飛び乗り逃げようとする瞬間、白人のカーティスが怪我のため速く走れず同じ列車に乗れないのがわかると、自ら逃

『手錠のまゝの脱獄』——鎖で繋がれたまま囚人護送車を脱走した“ジョーカー”・ジャクソン役トニー・カーティス(左)とノア・カレン役シドニー・ポワチエ

亡を諦めてしまう。ドラマは差別を乗り越えた二人の行動を讃えて終わる。

同ドキュメンタリーの案内役も兼ねるボールドウィンは、この結末を偽善だとこき下ろし、「ポワティエはなぜ一人で逃げないのか」と疑問を投げかける。つまり『手錠のまゝの脱獄』のポワティエ役こそ、白人が好む黒人像の典型というわけだ。タイトルの『私はあなたのニグロではない』は、そのことを象徴的に意味している。

もう一本は、ケネディ大統領が提出し、ジョンソン大統領の時代に成立した公民権法により、黒人の権利が大幅に前進した直後に制作された『招かれざる客』（一九六七年）。

本作は著名な黒人医師（シドニー・ポワティエ）と美しい白人の令嬢（キャサリン・ホートン）の結婚をホームドラマタッチで描いた反差別映画だが、この映画についてもボールドウィンは、「多くの黒人が嫌いな映画」とじつに手厳しい。『招かれざる客』は、公民権運動が高揚した時代の作品だけに、人種差別についてたしかに楽観的で、甘いという批判を受けたことも記憶しているが、黒人への偏見が当たり前だった時代状況を思い返せばわかるように、公民権運動に参加した多くの黒人層は同作品を歓迎したはずである。

当時先駆的と言われた映画の演出を手がけたのは、『手錠のまゝの脱獄』と同じ、スタンリー・クレイマー。同監督は、反核戦争映画『渚にて』（一九五九年）やナチスドイツの戦争犯罪を追及した『ニュールンベルグ裁判』（一九六一年）で知られるニューヨーク出身の代表的進歩派。

見逃せないのは、人種差別の主犯扱いをうけているのが、クレイマーを筆頭とする進歩派やリベラル派の白人たちであることだ。差別に反対するといいながら、心の底では人種的偏見を捨てきれずにいる偽善こそ糾弾《きゅうだん》されるべきという映画制作の主旨ゆえに、矛先となる白人に例外はない。ボールドウィンは、公民権運動を支持・援助したロバート・ケネディについてさえ否定的なコメントを述べる。

『私はあなたのニグロではない』は、一九四〇年代から一九五〇年代にかけて、黒人の著名人（作家や音楽家等）がヨーロッパに逃れていた事情についてふれているが、それはアメリカ国内で差別が激しく思うように活動できなかっただけでなく、身の危険もあったからだ。

近年制作された人種差別をリアルに映像化した作品（キング牧師の自伝的作品『グローリー／明日への行進』〈二〇一四年〉など）に出てくる差別の過酷さを目にすると、『招かれざる客』を制作年代の限界といった観点でなら批判するのもやぶさかではないが、公民権運動を支持した白人層まで敵に回すのはどう考えても行き過ぎで、賛成できない。

驚くのは、この過激な内容を含むドキュメンタリー映画が、昨年アカデミー賞候補に選ばれていたことである。それは、かつてアカデミー賞協会が高く評価した作品を否定することに等しく、自家撞着に陥ったといわれてもひと言も反論できまい。このようなハリウッド映画界の混迷ぶりは、現在のアメリカ社会の姿を反映したもので、

『招かれざる客』――左からジョン・プレンティス医師役シドニー・ポワチエ、その恋人ジョーイ・ドレイトン役キャサリン・ホートン、父親でリベラルな新聞社社長マット・ドレイトンを演じるスペンサー・トレイシー

袋小路に迷い込んだ国民の苦悩そのものといえよう。

一方、わが国のマスコミはそんな事情に疎《うと》いせいか、的外れなアメリカ情報ばかり流し続けている。同問題との関係でいえば、二〇一七年の八月、バージニア州シャーロッツビルで起きた事件についての報道などはその代表例。

死傷者まで出した原因が、白人と黒人の両サイドあるにもかかわらず、日本のテレビや新聞は白人至上主義団体（KKKやネオ・ナチ）の暴力しか報じなかった。アメリカでは、白人至上主義団体と並び、黒人差別反対を掲げる過激派（アンティファやＢＬＭ）の暴力についても当然のごとくマスコミはニュースとして流している。もっとも、ＣＮＮの映像を見ただけでも、両グループが武装し共に暴力行為におよんでいたことは一目瞭然だが。

大切なことは同事件の経過を冷静に振り返ること。発端は、シャーロッツビルにある南軍のリー将軍像撤去を決めた市当局と、それを阻止しようとした反対派の対立から始まる。きわめてシンプルな出来事だが、市側の撤去理由が重大な意味をもつ。

撤去を主張する側（市議会多数派）は、リー将軍は奴隷制を擁護した南軍の代表的人物と歴史上の理由を挙げて説明しているが、その理屈からすると、独立宣言（一七七六年）からリンカーンの奴隷解放宣言（一八六二年）に至るまで、合衆国政府は奴隷制度を認めていたので、そのあいだの指導者も同罪となってしまう。この流れで行くと、やがてはアメリカ建国の父と呼ばれる人々（ジョージ・ワシントンやトマス・ジェファーソンなど）の像撤去まで行きつく。その危険性については、事件直後の声明でトランプ大統領も言及していた。

## トランプ登場が原因ではない

今日、黒人差別問題について、アメリカは健国の歴史を否定しかねない袋小路に迷い込んでしまった感が強い。合衆国誕生の際、奴隷制を容認していたことが黒人差別の始まりであるのは確かだが、負の遺産といえども国民である以上は全員が等しく負わねばならない。

アメリカは二百五十年ほどの歴史しかもたない若い国家であるため、伝統や過去の歴史に学ぶことが難しく、しばしば極端な議論を展開しがちになる。ヨーロッパから渡って来た移民によってつくられた実験国家、人工国家という性格が、その傾向にいっそう拍車を掛けているといえよう。

以上のように見てくると、わが国のマスコミが指摘するようにトランプ大統領の登場が、黒人差別拡大の原因でないことがはっきりする。むしろ、オバマ大統領時代に、社会全体に広まったポリティカル・コレクトネス（政治的に正しい言葉使い）の風潮によって、白人の黒人に対する反感が強まったことが、今日の事態を生み出した元凶である。

『ゲット・アウト』のような映画が製作されたのも、そんな状況に対する黒人側からのリアクションではないか。そのことは、今年のアカデミー賞受賞式で『スリー・ビルボード』（二〇一七年）で助演男優賞に輝いた白人俳優サム・ロックウェルのケースを見ればより明確となる。

ロックウェルが演じた保安官補は、暴力的で差別主義語を平然と口にするレイシスト。当初はどう見ても悪役だが、映画のラストでは肯定的な人物に変わってしまう。これなどは、ポリティカル・コレクトネスに対する明らかなアンチテーゼだ。トランプ大統領を誕生させた背景に極端な人権主義に息苦しい思いをしていた世論があることはよく知られている。

そう考えると、今年ハリウッドがトランプ批判を避けたのは、冒頭に書いたハリウッド映画人のセクハラ問題だけではなく、世論の新しい動向によるものかもしれない。わが国の大手マスコミはまったく報道しないが、トランプ大統領の支持率は、いまや世論国内調査で五十パーセントを超えているという。

（「Ｖｏｉｃｅ」二〇一八年七月号　ＰＨＰ研究所）

# 『華氏119』はムーアの最高傑作

## リベラル派のマスコミは祖国愛を本作に学ぶべきだ

『華氏119』
『スノーデン』

### オバマのマイナス部分を暴露

二〇一八年十一月六日（日本時間七日）に投開票されたアメリカの中間選挙は、上院で共和党が多数派を維持したとはいえ、下院は民主党が八年ぶりに過半数を奪還した。

わが国の新聞やテレビは、議会がねじれ状態に陥《おちい》り、トランプ大統領の暴走政治にストップが掛かったと報じたが、以上のような評価は、かなりまゆつば物である。第二次世界大戦後十八回行なわれた中間選挙で、大統領率いる与党が上院で議席を伸ばしたのはわずか四回、下院に至っては二回だけで、歴代大統領の多くが口当たりのいい公約を果たせず、最初の中間選挙で大敗している。

六日深夜、トランプ大統領が「とてつもない成功」とツイートしたのは、過去の歴史に照らして、当然の感想を述べたに過ぎない。同中間選挙の特徴をいうなら、二〇一六年大統領選挙のトランプ旋風が、依然として衰えていないことを第一に挙げるべきで、次が民主党内における急進派の目覚ましい躍進だろう。

女性下院議員として最年少当選者となったアレクサンドリア・オカシオ＝コルテスはその象徴的存在。彼女は社会主義者だが、そのほかにもイスラム教徒の女性などが民主党の穏健派に代わり、議会で多数を占めることになった。

選挙結果はアメリカ社会の分断化をますます進めることになったわけだが、日本のマスコミは、民主党系穏健派の『ニューヨーク・タイムズ』や反トランプの急先鋒CNN等の情報を鵜呑みにしたせいで、選挙の全体像が見えなくなってしまったのではないか。

そこで、中間選挙をはじめ合衆国の現況を正確に知るうえで、格好の映画を紹介しよう。マイケル・ムーア監督の最新作『華氏１１９』（二〇一八年）である。同監督は、『ボウリング・フォー・コロンバイン』（二〇〇二年）等でアメリカ社会の病巣に鋭いメスを入れてきたドキュメンタリー作家だが、本作ではドナルド・トランプを俎《そ》上《じょう》に上げ、併せてアメリカ政治の今をこれまでになく深い視点で描き出している。

マイケル・ムーアは民主党急進派の代表格で、前回の大統領選ではヒラリー・クリントンを支持した確固たる反トランプ派。本来なら、わが国のリベラル派マスコミは、『華氏１１９』を大宣伝してもおかしくないのに、なぜかそうはならなかった。

が、映画を観ればその答えはすぐ見つかる。たしかにトランプ批判や銃規制について、ムーアらしい映像が中心になっているが、今回は日本の新聞やテレビが報道してこなかったオバマ前大統領のマイナス部分を、あからさまに暴露しているため、オバマをヨイショしてきた我が国のマスコミにとっては、きわめて都合が悪い。できればヒットしてほしくないのが本音だろう。だが、タブーに挑戦する姿勢こそ、社会派ドキュメンタリーの真骨頂ではないのか。

## 劇的瞬間を捉えたカメラ

それでは、『華氏119』の重要箇所に焦点を当てながら、作品の意味を考えていこう。冒頭、二〇一六年の大統領選挙の開票状況をテレビニュースが伝えている。当初、誰もがヒラリーの勝利を確信し、アメリカ史上初の女性大統領誕生に興奮した顔が次々と映し出されていく。満面に笑みを浮かべる人びと、なかには歓喜のあまり涙を流している女性もいる。共和党系のフォックステレビでさえ、ヒラリー当選を確実視していた。

開票途中で、選挙速報に異変が起き始める。大統領選挙の帰趨《きすう》を決めるオハイオ州でトランプが勝ったあたりから、ヒラリー陣営は一転して陰鬱《いんうつ》なムードへ。この劇的瞬間をとらえたカメラの視点は、見事としかいいようがない。予想外のトランプ勝利に、ショックと悲しみを隠せないヒラリー支持派。選挙結果に驚いたのは、トランプ陣営も同じである。思わぬ重責に怖気づいたのか、沈鬱な表情の新大統領と家族たち。一行が壇上を歩く姿に、「まるで犯人の連行シーン」「大統領選挙に勝ったのに、これほど悲しげな人々もいない」と皮肉たっぷりのナレーションがかぶさる。混迷するアメリカの今を捉えた映像からスタートする本作に、多くの観客が魅了されるだろう。

ただし、違和感を覚える箇所もある。トランプとヒトラーをダブらせるところは、本物の独裁者たちが支配する共産主義国のすぐ隣で生活するわれわれにはわかり難い。この点を理解するには、東アジアから遠く離れたアメリカに住むムーア監督が、目の前にいるトランプのほうに脅威を感じてしまうことをまず挙げるべきだ。が、それだけではなく、日米の違いに言及することが大切である。

近年のアメリカ国民は、共産主義の恐ろしさを実感する機会が、冷戦時代より極端に少なくなった。赤狩りやキューバ危機は既に遠い過去の出来事。ソ連の影響下にあったアメリカ共産党（共産党員の数よりも、ＦＢＩから送り込まれたスパイのほうが多かったという）の組織激減をはじめ、冷戦期のソ連派左翼団体は事実上、消滅した。最近はトランプ政権の対中国政策の強硬姿勢もあり、中国共産党の宣伝機関である孔子学院もＦＢＩの捜査対象となって、閉鎖が相次ぐことになった。民主党上院議員の補佐官としてスパイ活動をしていた中国の情報員も摘発され、共和党だけでなく、親中派の多い民主党も中国への警戒心を強めている。

一方の日本は第二次世界大戦後、長期にわたり日本共産党を筆頭に、親ソ連派や親中国派等の共産主義勢力が公然と活動を続け、冷戦後も中国や北朝鮮の情報機関が、様々な工作（北朝鮮による日本人拉致を含む）を繰り返しても、取り締まる法律さえない。そのため、政治に無関心な人でも、それなりに共産主義の危険性は身近に感じている。

近年は、中国による領海・領空侵犯や北朝鮮のミサイル発射がその傾向に拍車をかけているから、国民意識の現状がアメリカとはまったく異なるといえよう。日米両国の差異を十分認識したうえで、映画を観る必要がある。

## 合衆国の分裂と混迷

もう一つは、中西部から北東部にかけて広がるラストベルト（錆《さ》びついた地域）と呼ばれる旧工業地帯に住む人々の圧倒的支持により、トランプが大統領選挙に勝利した事実を忘れてはならない。

その支持者層を見ると、トランプ政治は、明らかに十九世紀末のアメリカ人民党を彷彿とさせる。民主・共和両党の政治に飽き足らない貧しい白人層を支持基盤に、金融資本や既成勢力を敵としている点等、共通部分が少なくない。半面、人民党のポピュリズムはファシズムと繋がる側面をもつ。ヒトラーとアナロジーさせる論法は誤りとまではいえないが、今日の独裁者論としては説得力に欠ける。

それにムーアが応援したオカシオ＝コルテス等の民主党急進派は、ポピュリズム的手法で支持を広げているため、同種のトランプ批判は、下手をすると自分たちに返って来る。そう考えると、トランプ＝ヒトラー論は、むしろムーア監督特有のセンセーショナリズムと解したほうが、作品の主要テーマである合衆国の分裂と混迷をより正確に理解できるのではないか。

## じつは一口も飲んでいなかった

注目すべきは、オバマ大統領を描いたくだりである。ミシガン州フリント市の水道水を飲んだ市民が、鉛の毒で身体を蝕《むしば》まれ、そのために多くの人びとが亡くなった。市当局は安全と主張するが、それはまったくの嘘。フリント市に住む子供たちの血液検査を担当した元医療援助員のA・C・ホーキンスは、鉛の血中濃度の数値を当局の圧力によって修正させられた。数値が高いので低く書き直せ、と指示されたという。ホーキンスは当時の記録を密かにコピーしていたので、その動かぬ証拠がスクリーンに大写しになる。

ところが、市民集会に参加したオバマ大統領は市当局と歩調をあわせ、水は安全である、と自分で飲んでみせる。カメラは、クローズアップで大統領がコップに口をつけただけで、一口も飲んでいない事実を映し出す。このシーンは実にショッキングだ。が、驚くのはまだ早い。その集会から約一年後、オバマ政権は、一言の事前通告もなく、フリント市を空きビルの多いことを理由に、軍の演習場に使った。夜中、突然響き渡るヘリコプターの爆音、銃声、爆発音に目を覚ました住民は、驚き呆れ「こんなことは異常だ」と叫び、怒りをぶちまける。

それ以外、オバマ時代に頻繁に行なわれた無人機による一般市民殺害の事実が、飛び立つドローンの映像を背景に語られるが、これは9・11同時多発テロを機に、ブッシュ政権によって推進された情報組織の強化と直結する。

オリバー・ストーン監督が、映画『スノーデン』（二〇一六年）で批判の矛先を向

『華氏119』──ミシガン州フリント市の水道水を放水するマイケル・ムーア監督 

『華氏119』2020年3月3日発売
ブルーレイ：¥2,200（税込）
DVD：¥1,257（税込）
発売・販売元：ギャガ
＊2023年2月の情報です

けた監視社会は、テロとの戦争を宣言したブッシュ政権で始まったが、オバマ政権によってさらに強化された。無人機攻撃やビンラディン奇襲作戦のような秘密戦争を重要視したオバマ大統領は、情報機関の肥大化に手を染めたといえる。オリバー・ストーンが、トランプ大統領に期待を寄せる発言をしたのも、監視社会を拡大させたオバマに対する不信が背景にあった。

## 祖国愛のなせるわざ

また『華氏119』は、トランプ大統領を生み出した責任が、オバマ大統領にあることに触れている。強固なオバマ支持者のマイケル・ムーアがこのようなドキュメンタリー映画をあえて製作した意味を、われわれは考えてみるべきだ。そこに、分裂と混迷に揺れるアメリカ合衆国を憂慮する熱い思いを感じる。リベラル支配層に反旗を翻《ひるがえ》した民主党急進派を克明に映像化したのも、同じ祖国愛のなせるわざといえるだろう。中間選挙の結果は、トランプ大統領側の善戦を除けば、ほぼ映画が描いたとおりになった。

それに対し、日本のマスコミはどうか。マイケル・ムーアが切実に抱いている祖国に対する思いは、ほとんどの新聞・テレビ報道からは伝わってこない。それどころか『朝日』や『毎日』等のリベラル派の報道には、いったいどこの国民を対象にしているのか、と疑問に思うことがしばしばある。ムーア監督のようなジャーナリズム魂をもてとまではいわないが、リベラル派マスコミには、せめて彼の作品づくりのベースにある愛国心の片鱗ぐらいは見せてもらいたい。

（「Ｖｏｉｃｅ」二〇一九年一月号　ＰＨＰ研究所）

# 全体主義と闘う映画

## 香港の現状と近未来SF作品はそっくり

『日本の熱い日々 謀殺・下山事件』『いちご白書』『Vフォー・ヴェンデッタ』『未来世紀ブラジル』『スノーデン』『華氏451』

### 一歩も引けない防衛論争

「逃亡犯条例改正」反対に端を発する香港市民の反政府運動は、二〇一九年三月から始まり、最大時には二百万人に及ぶ大デモンストレーションにまで発展した。年の瀬が迫っても抵抗はやまず、十一月には大学で急進派の市民と警察が激しくぶつかり合うなど、沈静化の動きはいまだに見えてこない。同月二十四日の香港地方選挙で民主派が圧勝したとはいえ、運動の先行きは依然不透明なままである。

一方中国共産党は、一九九七年に香港が英国から中国へ返還された際、五十年間維持すると約束した「一国二制度」を事実上、放棄する方針（中国共産党第十九回中央委員会第四回全体会議終了後のコミュニケ、『ニューズウイーク日本版』二〇一九年十一月二十六日号参照）を十月末ついに決定した。

香港に住む人の四割近くが参加したといわれる歴史的な大規模デモをはじめ、空港や大学での激しい抵抗闘争、そして地方選挙での反政府派の勝利は、近年の中国政府の動向を香港市民が敏感に察知したからではないか。

今回の反政府派による大運動は、共産党の一元的支配下に置かれつつある現状に対する市民の危機感の現われで、二〇一四年に起きた普通選挙を求める「雨傘運動」のような改革をめざした闘いと違い、一歩も引けないぎりぎりの民主主義防衛闘争なのである。見逃せないのは、中国政府や香港行政府がこれまでの微笑戦術をかなぐり捨て、正体を露《あら》わにしたせいもあって、香港警察の取り締まりも国際世論が驚愕《きょうがく》するほど暴力性を帯びていることだ。

警察官がデモ参加者を、至近距離から拳銃で撃つ場面がテレビで放映されたのを見て、ショックを受けた人も多いだろうが、他にも警官が実弾を撃つ映像があるから、撮影されていない場所では、相当ひどい弾圧が行なわれていたのは疑いない。

## 民衆が被る仮面

ここまで警察官の暴力を映し出すのは、権力を告発する映画でさえめったになく、熊井啓監督の『日本の熱い日々　謀殺・下山事件』（一九八一年）のなかで、日本の警察官が拳銃を水平に構える写真（一九五二年の血のメーデー事件時に撮影されたもので、同写真では発砲しているか否かは微妙なところである）が、ショッキングに扱われた場面しか記憶にない。しかもメーデー事件は七十年前、日本共産党が軍事革命路線をとっていたころの出来事だ。ベトナム反戦運動を描いた映画『いちご白書』（一九七〇年）では、学生に凄まじい暴力を振るうアメリカの警官も、拳銃を撃つことはなかった。

香港警察の暴力的エスカレーションは、相当数の中国人民武装警官が中に紛れ込んでいるためである。チベット自治区や新疆《しんきょう》ウイグル自治区で少数民族を苛烈《かれつ》に弾圧してきた連中だけに、人権意識などないのだろう。何と恐ろしいことか。

運動の鎮静化を図る香港行政府は、反政府派を逮捕するため、「覆面禁止法」なるSFまがいの法律まで制定したが、デモ参加者たちは同法に対し伝説の革命家ガイ・フォークスの仮面を被《かぶ》って、抗議の意思を表した。それは、DCコミックス原作の近未来SF映画『Vフォー・ヴェンデッタ』（二〇〇五年）のなかで、全体主義政府と対峙する民衆が被る仮面だから、まさしくSF漫画の世界が現実化しているといえよう。

## 本を所持するだけで危険思想

警官隊の凄まじい暴力を背後で操る中国

『いちご白書』——立てこもっていた大学の講堂から警官隊に排除される学生たち

『未来世紀ブラジル』——全体主義国家の狂気を描くディストピア映画

共産党や習近平の姿をテレビで見ながら、いくつもの近未来ＳＦ映画の映像が眼の前に浮かぶ。ラストシーンが鮮烈な印象を残すテリー・ギリアム監督の『未来世紀ブラジル』（一九八五年）には、夥《おびただ》しい数のテレビ映像に独裁者の顔が映し出されていたが、その源流をたどれば、ジョージ・オーウェルの小説『１９８４年』に行きつく。

同小説は、一九五〇年代から何度かテレビドラマ化、映画化されてきたが、オリバー・ストーン監督が、アメリカで実際に起きた事件を題材に、現代版『１９８４年』として制作した『スノーデン』（二〇一六年）が、オーウェルの世界を映像化したものでは最も優れている。

『華氏451』――書物を焼却するファイアーマン役のオスカー・ウェルナー（右）

同ジャンルでは、レイ・ブラッドベリの小説をフランソワ・トリュフォー監督が映画化した『華氏４５１』（一九六六年）が、原作のSF的面白さをうまく再現していた。未来社会では、本を読むのはもちろん、所持しているだけで危険思想の持ち主と判断されてしまう。

タイトルの『華氏４５１』とは本の燃える温度で、未来のファイアーマン＝消防士は、本を探し出し焼却するのが仕事。ナチスドイツが行なった焚書《ふんしょ》を繰り返すという、じつにアイロニーに富んだ話で、主人公のファイアーマン役オスカー・ウェルナーの演技が記憶に残っている。

そういえば、「逃亡犯条例改正」の前には、中国の最高指導者・習近平を批判したかどで、香港の出版関係者が中国政府の官憲に拉致される事件が起きた。とにかく、中国共産党が現に行なっている政治や行動を見ていると、SF小説・映画の中だけに存在すると思われていた未来社会そっくりなのに驚く。

たとえば、いま中国で進められている情報管理体制や監視社会化は、SFの世界さながらの様相を呈しているといえよう。中国の都市部では、数年前から道路や街角にカメラが網羅的に設置され、人びとの日常をチェックしている。現在カメラの数は約二億台で二〇二二年には六億台を軽く突破するという。かねてから監視社会化が問題とされているアメリカでさえ、現在カメラの数は五千万台だから中国の凄さがわかるのではないか。

もう一つは、中国で電子マネーの普及が一気に進んだことである。いまや大都市での代金支払いは、現金でなくスマホで行なうのが当たり前。レストランから露店商に至るまでキャッシュレス化が進み、日本とは比較にならない。が、このような支払いシステムは、利便性と引き換えに、個人の詳細な情報を大企業（電子商取引サイトを運営するアリババ等）に提供することになり、全体主義国家中国では結局、膨大な個人情報が中国共産党の手に渡ってしまう。

現在アメリカ政府が中国の通信機器大手華為技術（ファーウェイ）を中国の諜報活動に加担しているとして排除の動き強めているのは、同社が次世代型通信規格「5G」を主導しているためである。

アメリカの批判を俟《ま》つまでもなく、中国がさまざまな工作によって先進国の技術を盗み出して来たのは世界周知の事実。このうえ、自国の機器を他国に送り込み、諜報活動に利用されたのではたまったものではない。国際社会は安全保障上きわめて危険な事態に直面している。

## 「トランプに期待している」

個人の情報が通信機器を通して管理される社会の恐ろしさをドラマ化したのが、前述した映画『スノーデン』。映画は元情報機関（CIA、NSA）職員スノーデンが、アメリカ政府が膨大な数のメールや携帯電話を密かに盗聴しているのを知り、その事実を世界に知らせようとする過程を描く。本作は、9・11同時多発テロ後ブッシュ政権によってつくられた監視社会に対して警告を発したものだが、同体制を拡大・強化したオバマ政権も当然、批判の対象となっている。

そこで、監督のオリバー・ストーンが来日し、我が国のテレビインタビューで、トランプ支持を表明したのを改めて思い出す。いまから考えると、当時の民主党はオバマ大統領をはじめ、中国派が圧倒的多数を占めていたから、作品が痛烈に批判したのは、やはりオバマ政権のほうというべきだ。バイデン元副大統領などは、いまでも習近平と近しい関係にある。ストーン監督は、恐らく監視社会化を推進する中国共産党の危険性も視野にいれていたのだろう。だからこそ、「トランプに期待している」と述べたのではないか。

それにしても、近未来SF映画が公開されるたびに、将来の監視社会や独裁者の危険性を饒舌《じょうぜつ》に語るリベラル派マスコミが、いざその現実を前にすると、同種の映画についてまったく沈黙してしまうのはなぜか。不思議でならない。

（「Ｖｏｉｃｅ」二〇二〇年一月号　ＰＨＰ研究所）

# ハリウッド映画の警告が中国のヒントになった？

## 武漢ウイルス酷似作品も――中国が学んだパンデミック映画

『ヴェニスに死す』『暗黒の恐怖』『隊長ブーリバ』『サタンバグ』『カサンドラ・クロス』『アンドロメダ…』『ナイト・オブ・ザ・リビングデッド』『アイ・アム・レジェンド』『地球最後の男 オメガマン』『ワールド・ウォーZ』『コンテイジョン』

### 感染症と映画

昨年（二〇一九年）末、中国の武漢から拡散した未知のウイルスは、依然として全世界を震え上がらせている。感染は韓国、イタリア、イラン、日本からEU諸国、アメリカへと急速に広がり、いまだに勢いは衰えず、収束の兆しさえ見えない。その影響は、同じ中国を発生の地とするSARS（重症急性呼吸器症候群）とは比較にならず、各国に甚大な被害をもたらし、結局パンデミック（世界的な大流行）へと突き進んだ。

中国当局は、ウイルスの危険性をいち早く警告した青年医師（李文亮氏）を処分して口を封じ、中国国民はもちろん、全世界の人々が知るべき情報を都合よく改変し事態の隠蔽を謀った。その後、中央・地方で初動対応に誤りがあったとして、役人の一部を更迭、トカゲのしっぽ切りでなんとか国際的な非難をかわした習近平政権だが、その責任はあまりにも重い。

また、同政権への配慮から、パンデミック宣言を意図的に遅らせたWHO（世界保健機関）の責任も重大である。「中国がWHOに緊急事態宣言を出さないよう圧力をかけていた」と、まずフランスの有力紙ル・モンドがすっぱ抜き、続いて各国のメディア（ニューズウィーク等）がWHOのテドロス事務局長と習近平国家主席との親密な関係を暴露した。同疑惑が、本来中立・公正であるべき国際的な保健組織の信頼性を著しく失墜させたことは、もはや犯罪的というしかない。

さらには、中国政府が「ウイルスはアメリカが持ち込んだ」と謀略まがいの情報まで流している現状を踏まえ、今回のウイルスについては、新型コロナやCOVID—19といった名称でなく、以下武漢ウイルスと呼ぶ。

さて、感染症の歴史は古く、十四世紀にはペスト（黒死病）のパンデミックによって、一億人が死亡し、二十世紀に入ってからは一九一八年から一九二〇年にかけ、千七百万人～五千万人の死者を出したというスペイン風邪が一般には知られている。

文学の世界でも同題材はいくつも取り上げられ、カミュの『ペスト』をはじめ、エドガー・アラン・ポーの短編『赤死病の仮面』のようなゴシック小説もあるが、トーマス・マンの『ヴェニスに死す』が、我が国の文学ファンには比較的馴染みがあるといえよう。

マンの代表作の一つに数えられる同小説は、映画界の巨匠ルキノ・ヴィスコンティ監督が、ダーク・ボガード主演で一九七一年に映画化し、原作の持つ雰囲気を損なわず、独自の映像世界を創造した功績が高く評価されている。本作もＤＶＤが販売されているので是非ご覧頂きたい。

## 一九四〇年代から題材に

実をいえば、感染症問題を題材とした映画は、一九五〇代～六〇年代にアメリカで早くも製作されている。四〇年代末から始まったハリウッドの赤狩りに翻弄されたエリア・カザン監督の『暗黒の恐怖』（一九五〇年）が同テーマを扱った最初ではないか。

ニューオーリンズに上陸したアルメニア人が殺害され、その遺体を調べた保健局員は、殺された男が肺ペスト患者だったことに気づく。主人公の保健局員に扮するのがリチャード・ウィドマーク、一方の殺人犯役はジャック・パランス。西部劇の名作『シェーン』（一九五三年）で残忍な殺し屋役で世に知られるジャック・パランスのデビュー作だが、既に犯人グループの親分格を嬉々として演じているのには感服する。

肺ペストは潜伏期間が短く、すぐ発病し死に至るので、一刻も早く犯人を逮捕しなければならない。主人公は警察と連携しながら、捜査の包囲網を徐々に狭めていくが、犯人らと接触した人々が肺ペストにかかり、死者も出始める。

同ジャンル（犯罪映画）では脱獄、誘拐、連続殺人等様々なタイプの凶悪犯がサスペンスを高める役割を果たして来た。『暗黒の恐怖』では、警察に追われる男が恐るべき伝染病にかかっているという設定が、それまでになく斬新だったので、公開当時大きな反響を呼んだ。

しばらくして、テレビのヒッチコック劇場で、やはり死のウイルスに感染した男を、保健所の医師が追跡するエピソード『ドラム』が放映されている。プロットがよく似ているため、エリア・カザンの映画に影響を受けていると思われるが、映画・テレビとも、ウイルスの危険性は、あくまでドラマに緊迫感を与えるための道具立てに過ぎない。感染症問題を中心に据えた本格的作品ができるまでには、長い時間を要した。

以上のサスペンスもの以外では、スペクタクル史劇『隊長ブーリバ』（一九六二年）の中で、ペストが蔓延《まんえん》する場面が出てくるのが目につく。舞台が十六世紀初頭となっているから、中世に多くの死者を出したペストの恐ろしさを映像化したわけだが、当時同シーンが登場するハリウッド映画は珍しい。他に六〇年代に死のウイルスを扱った作品は、サスペンスアクションの『サタンバグ』（一九六四年）ぐらいで、ショーン・コネリー主演の『００７』がブームとなっている時期に公開された。盗み出された細菌兵器をＣＩＡ（米中央情報局）が奪回するスパイもの。細菌がばら撒かれた道路上に死体が散乱しているシーンがショッキングだったので、そこだけ記憶が鮮明に残っている。

## 感染拡大がリアルに描かれた大作

七〇年代半ば、同系統のアクション大作がアメリカをはじめ、欧州諸国の映画人たちの協力によって完成した。

ソフィア・ローレン、リチャード・ハリス、バート・ランカスター等大スター共演の『カサンドラ・クロス』（一九七六年）がそれで、年代を見ればわかるように、『ポセイドン・アドベンチャー』（一九七二年）、『タワーリング・インフェルノ』（一九七四年）の大ヒットをうけて生まれたパニック映画である。

物語の発端は、ジュネーブの国際保健機構に潜入したテロリストの一人が、細菌兵器のウイルスに感染したまま逃亡し、ストックホルム行きの大陸横断鉄道に乗り込む。やがて、車内で集団感染が始まり、保健機構内で細菌兵器の開発・研究をしていたアメリカ軍部は、事態の隠蔽を画策する。

列車内で感染者が増えていく過程は、今観かえすとダイヤモンドプリンセス号などクルーズ船内の様子を思わせ、公開時よりもずっとリアルに感じた。

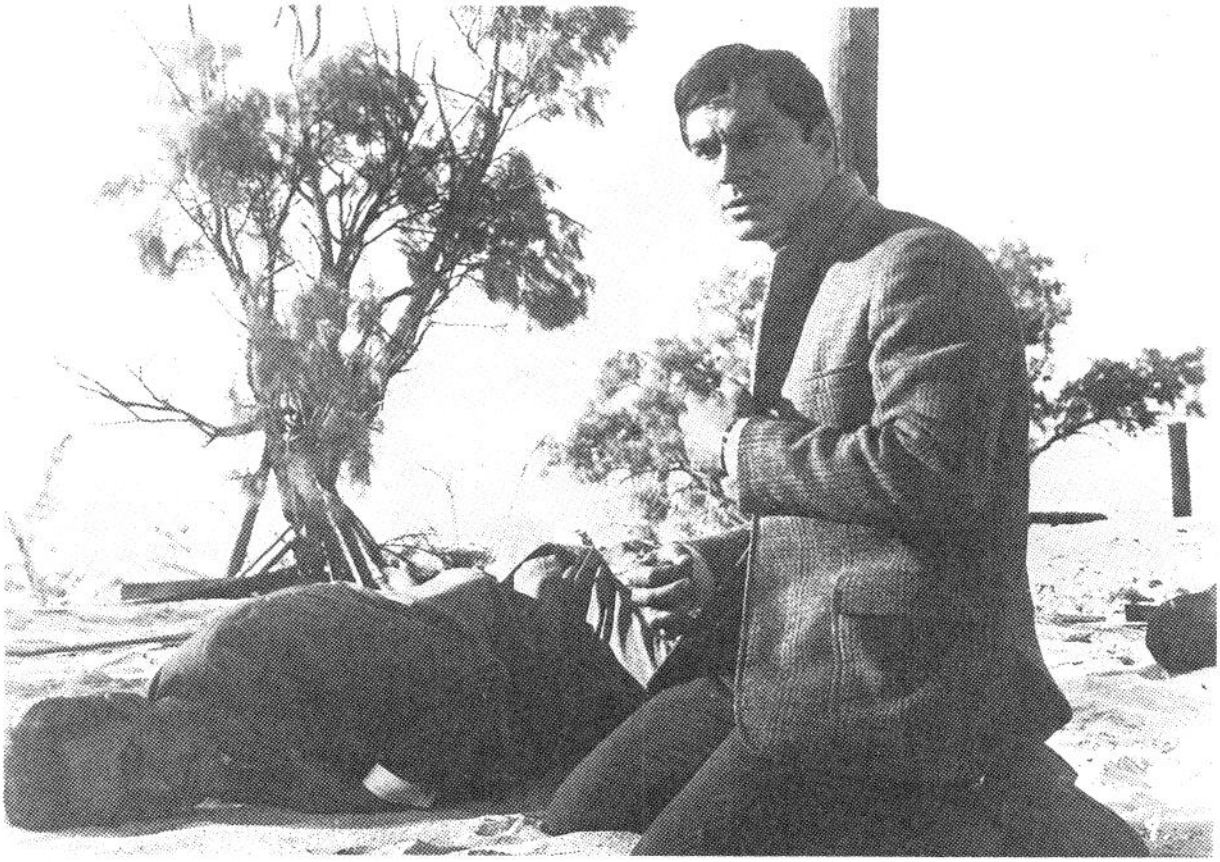

『サタンバグ』――奪われた細菌兵器サタンバグ捜索に当たる元CIA職員リー・バレット役のジョージ・マハリス。監督はジョン・スタージェス

『カサンドラ・クロス』――世界保健機構での銃撃戦で病原菌を浴びるテロリスト

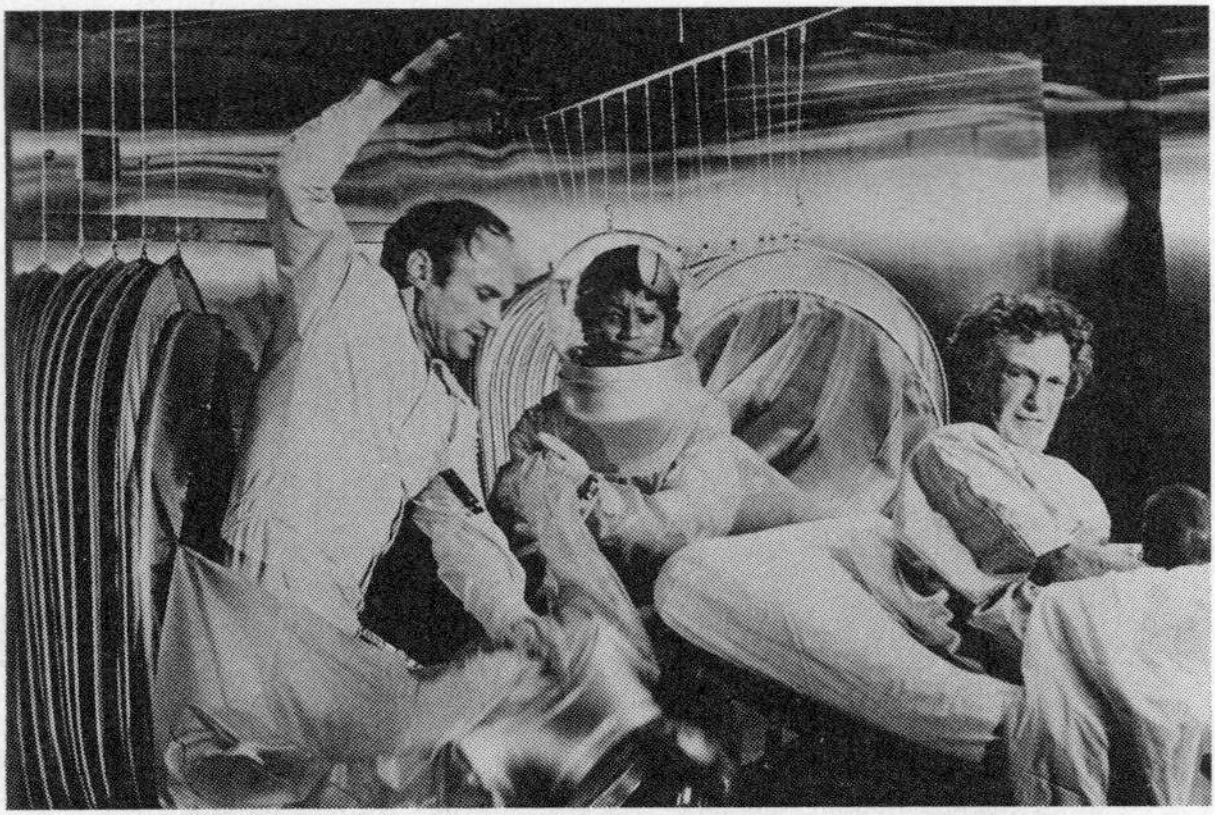

『アンドロメダ…』――人工衛星に付着して落下した未知のウイルスとの闘い

確かに『サタンバグ』と比べると、全体的に真実味があるとはいえ、ウイルス感染拡大の描写は、依然として映画の緊迫感を高めるための道具立てに過ぎなかった。

それなら、一九七〇年代初期に製作されたSF映画『アンドロメダ…』(一九七一年)の方が、ウイルス感染の予防措置、医学的対処法など、科学的な見地に基づいている分、はるかに本格的な作品といっていい。ただし、本作で人々を死に至らしめるのは、落下して来た人工衛星に付着していた未知の宇宙ウイルスである。

『アンドロメダ…』が公開された二年前、アポロ11号の月面着陸に成功したアメリカは、宇宙開発競争の勝利に酔いしれていた。

その少し前、『猿の惑星』（一九六八年）、『２００１年宇宙の旅』（一九六八年）などＳＦ映画の傑作が大ヒットしていた時代風潮も手伝って、もうけ主義のハリウッドもシリアスな宇宙ウイルス映画に大金を出資したのだろう。

## 原点はゾンビ映画と吸血鬼映画

とはいえ、その後感染症問題を題材とした映画を数多く世に送り出すきっかけとなったのは、意外にも同時期に製作されたゾンビ映画だった。

そもそもゾンビものは、一九三〇年代、四〇年代からハリウッドホラーの一ジャンルとして成立していたが、現在の同ブーム出発点となったのは、一九六八年若い映画ファンに人気を博したジョージ・Ａ・ロメロ監督のゾンビ映画『ナイト・オブ・ザ・リビングデッド』である。

本作がつくられた六八年には、それまで暴力やセックス描写を規制していたヘイズコード（映画界の自主規制による倫理規定）が廃止され、映像表現の自由が大幅に緩和された。

おかげで、カルト映画として語り継がれるこのホラー作品は、残酷描写のオンパレードといった感じだが、注目すべきは、本作がリチャード・マシスンのSF小説『地球最後の男（吸血鬼）』の影響を深く受けている点だ。同小説の英語タイトルは『I AM LEGEND』。そう書けばお分かりだと思うが、ウィル・スミス主演の『アイ・アム・レジェンド』（二〇〇七年）の原作本である。

マシスンの同小説は、これまで三回映画化されているが、第一作目の一九六四年版（『地球最後の男』）で、主人公モーガン博士（ヴィンセント・プライス）の自宅を包囲し襲撃するのは、原作と同じ吸血鬼たちだった。ロメロ監督は、原作の同襲撃場面からヒントを得て『ナイト・オブ・ザ・リビングデッド』のゾンビシーンを映像化したという。

その後、第二作目の『地球最後の男　オメガマン』（一九七一年）でネビル（チャールトン・ヘストン）を襲うのは、吸血鬼ではなく細菌戦争後に生き残った人類へと変わり、そして二〇〇七年のウィル・スミス版では、感染症で凶暴化した人間たちとなった。

現代のゾンビ映画では、バイオハザード・シリーズはもちろん、前述した『アイ・

アム・レジェンド』やブラッド・ピット主演のヒット作『ワールド・ウォーZ』（二〇一三年）にいたるまで、ほとんどが何らかのウイルス感染によって人間がゾンビ化した話となっている。それにしても、いまのゾンビブームの原点が吸血鬼から始まった事実は、実に興味深い。

吸血鬼伝説は古代から、世界のさまざまな地域に言い伝えが残っているが、吸血鬼信仰がピークに達したのは中世のヨーロッパという。中世といえば十四世紀、ペストで一億人もの死者を出した恐るべき記録が残っている。その際、埋葬された膨大な数の土葬遺体と吸血鬼伝説が結びつく。腐食した大量の遺体が、おどろおどろしい怪奇譚を生み出したというのである。

人の生き血を吸い永遠に生き続け、血を吸われた者もまた同じ化け物になってしまう。これは、ブラム・ストーカーの小説『吸血鬼ドラキュラ』の話だが、同時代の吸血鬼や魔女伝説の背景に中世のペストやコレラの恐怖が、色濃く投影されているのは疑いない。

してみると、近年のゾンビブームは、感染症の危険性を警告しているだけでなく、現代に蘇った吸血鬼伝説といってよいのではないか。

## 中国発のパンデミックを描いた『コンテイジョン』

最後に、武漢ウイルスが世界を震え上がらせている現実と、驚く程そっくりな映画を紹介しよう。マット・デイモン、ジュード・ロウ、ケイト・ウィンスレット、グウィネス・パルトロウ等、ハリウッドスター共演の大作『コンテイジョン』（二〇一一年）である。

本格的な感染症映画にもかかわらず、公開当時ホラーファンに好まれたのは、これまでの同ジャンルの分析を読めば、理由は十分お分かりだろう。

物語は、香港で仕事を済ませたベス（グウィネス・パルトロウ）が、アメリカのミネアポリスにある自宅に戻り、すぐ発病して意識不明のまま亡くなる場面から始まるが、その日、香港、イギリス、日本で三人が似たような症状で死んでいく。原因はすぐにウイルスの感染と判明するが、手の施しようもないまま感染者が短時間のうちに亡くなる。治療にあたった医師の命もあっという間に奪われてしまう。

ＷＨＯやＣＤＣ（アメリカ疾病予防管理センター）の対応がリアルに映し出され、

『コンテイジョン』――中国由来ウイルスのパンデミックをリアルに描くスティーヴン・ソダーバーグ監督作品。写真はウイルス感染への民衆の不安を利用しようとする陰謀論者を演じたジュード・ロウ
〈写真：Everett Collection/アフロ〉

デマ情報が飛び交うあたりなど、現在進行中のパンデミックを映画化したのではないかと錯覚するほど。だが、最も注目すべきは、中国から感染が広まっていくドラマ展開で、そこが本作の重要ポイントである。

感染経路をダイジェスト風に語るラストの回想シーンが、鮮烈な印象を残す。映画のはじめに亡くなるベスが感染する何日も前、彼女が取締役を務める会社が森林を伐採していると、コウモリが飛んで逃げていく。その一匹が農家の豚小屋に飛び込み、天井からバナナのかけらを落とす。そのバナナを食べた豚の肉を調理したコックが、料理店でベスと握手してウイルスが感染する。

映画はミステリーものによくある謎解き場面で終わるが、この結末は、ごく自然に考えれば、グローバル資本主義を批判したメッセージと解釈できるだろう。だが、中国はそうは受け取らなかったはずである。

## 映画に学んだ中国

一九九五年に製作されたダスティン・ホフマン主演のサスペンス映画『アウトブレイク』でアメリカ全土を危機に陥れる死のウイルスは、アフリカを発生の地としていたが、『コンテイジョン』では、同じような殺人ウイルスが中国から世界へ拡散し、パンデミックを引き起こす。

感染症対策の専門家や医学界への綿密な取材によってつくられた映像を見ながら、中国共産党や中国政府は、不快に感じただけでなく、ハリウッド映画に危惧の念を強く抱いたにちがいない。このままでは、同種の感染症が世界へ広まった場合、中国政府の責任が厳しく問われてしまうと。

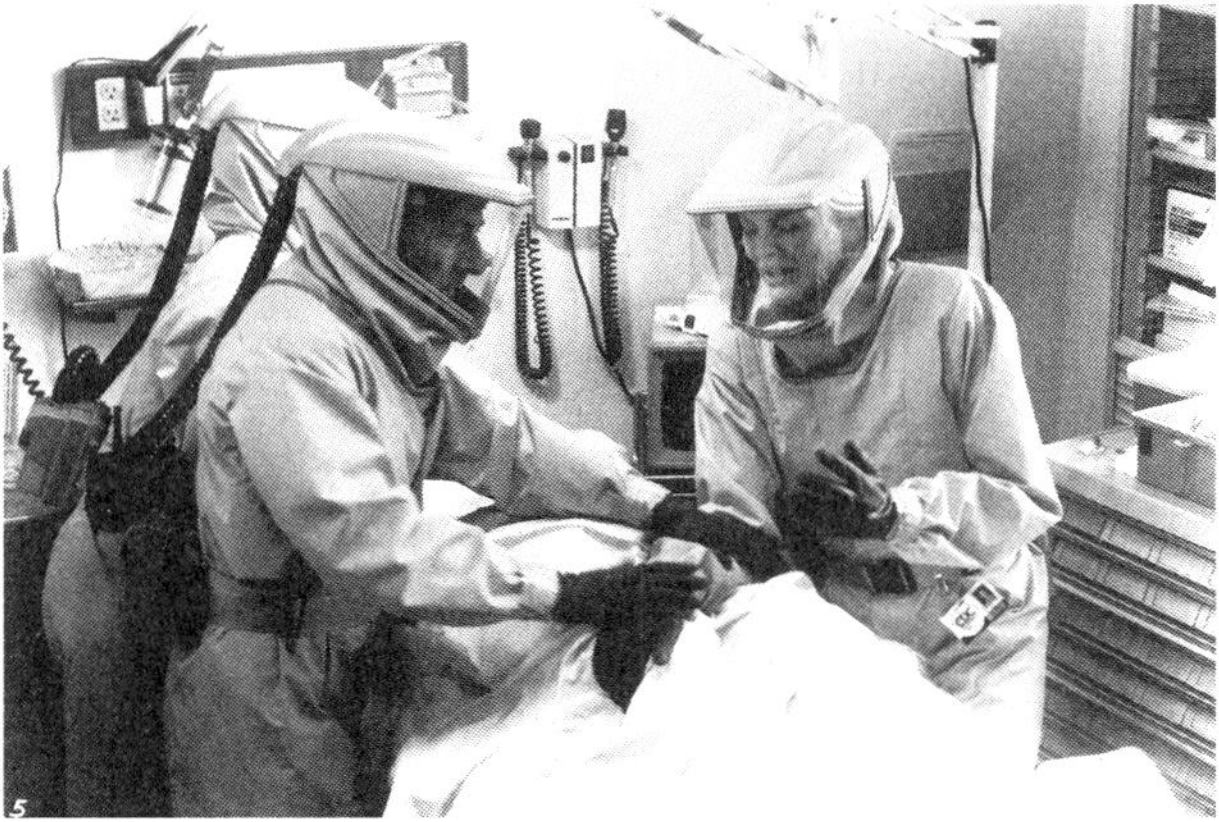

『アウトブレイク』——正体不明の感染症に立ち向かう米軍医サム・ダニエルズ大佐役ダスティン・ホフマン（左）とCDC職員ロビー・キーオ役レネ・ルッソ

そこで思い返す必要があるのが、ハリウッド映画の娯楽大作『アメージング・スパイダーマン』（二〇一二）や『ダークナイトライジング』（二〇一二）が、二〇一二年に中国で大ヒットし、映画界では大きなニュースとなったことである。その年から中国政府がハリウッド映画の動向に強い関心を示し始めたのは良く知られているが、『コンテイジョン』は、前年の二〇一一年に製作された。

制作年代を考えれば明らかなように、グローバル資本主義を批判したこの社会派作品は、中国にとって極めて重要な意味をもつ。

SARSや鳥インフルエンザの流行等、当時から感染症問題は、発足したばかりの習近平政権にとってアキレス腱だったので、ハリウッド映画がもたらした警告は思わぬ逆転の発想を生んだ可能性がある。同問題をうまく処理すれば、アメリカをはじめ先進資本主義諸国が、ウイルス感染によって壊滅的状態になる一方、中国自身は比較的安泰でいられると、パンデミックを克明に描いた映像を見ながら、中国共産党と中国政府は考えをめぐらせたのではないか。この推理をうがち過ぎた見方と一笑に付す人は、是非『コンテイジョン』をご覧になるとよい。

そこで、冒頭に書いた武漢ウイルスの問題に戻る。二〇一二年以後、チャイナマネーの威力によって、中国はハリウッドに大きな影響を与え始めたのに加え、それまでも人事等の面で浸透をはかってきたWHOへの工作を一層強めた。

中国出身のチャン事務局長時代の二〇一五年、WHOが感染症に地名をつけない方針を決定したのは、その代表的な例で、巨額なチャイナマネーの恩恵に与る国エチオピア出身のテドロス氏を事務局長に選出したのも、中国の差し金であるのは言うまでもない。

数十年単位で国際機関に工作をすすめることなど、中国にとってはたやすい。なにしろ、百年マラソン（二〇四九年までに、世界のリーダーとしての地位を、アメリカから奪取するという中国の国家戦略）でアメリカと競争する国なのだから。

日本人も中国の情報機関が流す巧妙なプロパガンダに引っかからないように、アンテナを高くして多くの正確な情報をつかむ必要があるだろう。それが武漢ウイルスから身を守る最大の対処法である。

（「正論」二〇二〇年六月号　産経新聞社）

# 中共が奪うハリウッドの魅力

## アメリカの映画会社が中国に忖度――チャイナマネーによる作品の劣化

『ミッドウェイ』『若き勇者たち』『レッド・ドーン』『トップガン マーヴェリック』『折れた銃剣』『中共脱出』『侵略』『0の決死圏』『セブン・イヤーズ・イン・チベット』『ウインド・トーカーズ』『オデッセイ』『ブラックハット』

### 中国の攻勢とマスコミの沈黙

武漢ウイルスのパンデミックによって、世界中が大混乱に陥っている一方、ウイルス発生の地であり、本来は自国の責任を自覚すべき中国の習近平政権は、感染事実を隠蔽した失態を反省するどころか、各国の危機的事態を逆手にとって、軍事・経済面での攻勢をますますエスカレートさせている。

さすがにアメリカでは、議会も覇権主義を剥《む》き出しにした中国への批判を強めているが、香港の民主活動家への徹底した弾圧をはじめ、インド・ヴェトナム等周辺国への領土・領海侵犯、わが国の領海への異常ともいえる恒常的な侵犯、さらには南シナ海への中距離弾道ミサイル発射等、習近平政権による自由や人権、国際法秩序への破壊行為はとどまるところを知らない。

そんな情勢下、ウィリアム・バー米司法長官（当時）が、自国の映画産業やＩＴ企業の親中姿勢を批判したミシガン州での演説（二〇二〇年七月十六日）に注目すべきである。

中国の通信機器大手華為（ファーウェイ）のＣＭがテレビに流れると、いまでは警戒する日本人もかなり増えたが、日常何気なく観ているハリウッド映画については、アメリカの映画会社が中国に忖度して、作品内容を変えている事実を知る人は少ない。これまでは、産経新聞、夕刊フジ、ニューズウィーク日本版等、わずかな媒体が中国のハリウッド映画界への影響を伝えているだけで、日本マスコミの圧倒的多数派は沈黙し続けて来た。

## ニューズウィークが風穴

ところが、ニューズウィーク日本版（二〇二〇年九月八日号）がついに、「検閲大国チャイナVSハリウッド」という五ページにわたる特集記事を掲載したので、わが国のマスコミも今までのようにだんまりを決め込むわけにいかなくなったといえよう。早くも、戦争大作『ミッドウェイ』（二〇一九年）の映画評でこれまで沈黙していた媒体が、アリバイ的にチャイナマネーに触れ始めた。

ニューズウィークの特集記事は、中国政府に忖度して来たハリウッド映画を具体的にあげ、カットや変更した部分まで逐一解説している。年代別にリストアップされた十三作品の中で、中国の圧力が話題となり一般にも知られているのは、『若き勇者たち』（一九八四年）のリメイク版『レッド・ドーン』（二〇一二年）。突然、アメリカの田舎町に攻撃を仕掛けてくる兵士たちが、当初中国人民解放軍として映像化されていたのを、公開直前になって、映画会社（ＭＧＭ）がデジタル加工を施し北朝鮮軍に変えてしまった。

『レッド・ドーン』
発売中Blu-ray5,170円（税込）／DVD4,180円（税込）　発売元：クロックワークス、アルバトロス、インターフィルム、ミッドシップ
販売元：TCエンタテインメント
　＊2023年2月の情報です

もう一本、同じく有名なのは、パラマウントの最新作『トップガン マーヴェリック』（二〇二〇年）。本作は一九八六年に大ヒットした『トップガン』の続編で、今回は中国のインターネット大手騰訊（テンセント）が製作陣に加わっているのだが、皮肉なことに世界に広まった武漢ウイルスのため二〇二〇年に公開予定だったのが二〇二一年に延期された。〔その後さらに延期され、最終的には二〇二二年五月公開となった〕

留意すべきは、同作品の予告編に映し出された主演のトム・クルーズの着る革ジャンに異変があったことだ。一九八六年版の背中に付いていた日本と台湾の国旗が最新作では消えているという。〔その後、公開された本編では両国国旗は復活していた。

テンセントが製作から手を引いたからともいわれている」

これは、些細な修正のようだが侮ってはならない。なぜなら、似たようなわずかな変更を含めると、同種の「中国付度映画」は相当な数にのぼり、リストアップされた十三作品は氷山の一角に過ぎないからである。

二〇一二年に『アメージング・スパイダーマン』『ダークナイト：ライジング』が中国で大ヒットし、それを機に中国共産党のハリウッド映画界への工作が一挙に進んだのは、衆目の一致するところだが、それ以前からジャッキー・チェン、ジョン・ウー等中国の

『トップガン』――戦闘機F-14トムキャットのコクピットでポーズをとるマーヴェリック（右；トム・クルーズ）とグース（アンソニー・エドワーズ）

『トップガン マーヴェリック』――『トップガン』の続編。トム・クルーズの乗機は、新型のF/A-18Eスーパーホーネットになっている

『トップガン マーヴェリック』
デジタル配信中/ブルーレイ+DVD、4K UHD　発売中
発売・販売元：NBCユニバーサル・エンターテイメント

＊2023年2月の情報です

スターや映画監督がハリウッドに進出していたのを忘れてはならない。

ジャッキー・チェンは香港が生んだ大スターにもかかわらず、近年政治的立場を、中国共産党側へ完全に切り換えたせいで、いまでは香港の映画ファンから裏切り者扱いされている。

中国共産党のハリウッドへの工作は、長年にわたるアメリカ情報産業への浸透政策の一環と考えるべきで、トランプ政権が対抗策として、手始めにファーウェイ排除に乗り出したのは極めて正しい。

いまや米連邦議会の民主党も中国批判を繰り返し、同党系の雑誌ニューズウィークが前述した特集を組んだのも、アメリカ政治の様変わりした現況を物語っている。そのため、日本マスコミの中国寄りの姿勢が一層際立つ結果となった。

実をいえば、ハリウッドがあからさまに中国を持ち上げる映画を製作する以前から、こうした兆《きざ》しは徐々に見え始めていたが、その意図が巧みに隠されていたので、一般には気づかれなかっただけである。

そこで、その兆しはいつ頃から始まり、どのような過程を経て今日に至ったのかを書いていくつもりだが、その前に、かつての共産主義中国を取り上げたハリウッド映画について、冷戦時代の作品なども振り返りながら、同ジャンルの変遷を簡単にたどってみたい。過去との違いを比較・検討することで、現状の問題点がよりはっきりする。

## 能天気だった時代

さて、中国共産党が国民党に勝利し、政権を掌握したのは一九四九年、中華人民共和国が成立してからだ。この頃から、ハリウッドも、中国共産党に関心を持ち始めたといえよう。第二次世界大戦中、ソ連と協力関係にあった米英などの西側自由主義諸国は、共産党独裁下の東側との対決姿勢を先鋭化させ、既に東西冷戦をスタートさせていた。翌年（一九五〇年）には、ソ連のスターリンと中国の毛沢東の支援をうけた北朝鮮の金日成《キムイルソン》は、韓国へ大戦車部隊を送り込み朝鮮戦争を始めるわけだから、当然西側諸国では共産主義への恐怖心が高まっていく。

アメリカではマッカーシー旋風（赤狩り）が吹き荒れ、第二次大戦中の親ソ連作品とは全く逆の反共映画がいくつも生み出された。

『中共脱出』――厦門にある中共の収容所を脱獄した米人船長ワイルダー（左：ジョン・ウェイン）は中国船を乗っ取り、香港への脱出を図る

一九五〇年代に量産された朝鮮戦争映画には、時代の風潮をうけて北朝鮮軍だけでなく、中国人民解放軍の恐ろしさや狡猾さを描写したものが垣間見《かいま》られる。サミュエル・フラー監督の『折れた銃剣』（一九五一年）には、ラッパを吹き鳴らし突撃してくる中国軍の不気味な姿が出てくるが、他の作品もおおよそ似たような扱いだった。

当時、アメリカにとって第一の敵はソ連で、次は東ドイツを筆頭に東欧諸国が順に並んでいた時代だから、中国の共産主義については未知の部分も多く、それほど重要視していなかったのではないか。

そのせいか、一九五〇年代半ばの冒険アクション『中共脱出』（一九五五年）に登

『侵略』――東南アジアの王国サルカンの民族運動指導者ディオンに扮した岡田英次（中央）と新任米国大使マックホワイト役のマーロン・ブランド（右）

場する共産軍兵士は、西部劇のインディアン（アメリカ先住民）とさして変わらず、ジョン・ウエイン演じるタフガイの船長にいともたやすくやられてしまう。

本作のようなステロタイプ化されたアジア人の流れは、その後ヴェトナムの共産主義者に継承されていくが、同ルーツをたどれば、ハリウッド製反日映画の不気味な日本軍にたどり着く。これは、思想や社会体制の違いというより、アジア人に対する蔑視《べっし》と言った方がよい。

ケネディ政権時代に制作されたマーロン・ブランド主演の『侵略』（一九六三年）は、東南アジアの民族運動指導者（日本人俳優、岡田英次が扮した）が共産主義者に騙されていたという典型的な反共映画。民族運動の背後で陰謀をめぐらすソ連軍将校と共に、怪しげな中国人民解放軍の将校も画面に顔を出す。

本作の舞台となった南北のサルカン国は、明らかに南北ヴェトナムがモデルだ。ケネディ大統領の時代になっても、ステロタイプのアジア人像は少しも進歩していない。そんな粗雑なアジア観が、結局アメリカのヴェトナム戦争での敗北を招き、モンスター国家というべき現在の中国を作る一因となったのではないか。

一九五〇年代〜一九六〇年代のハリウッド映画界は、現在のごとくチャイナマネーに呑み込まれた状態とは違った意味で、中国に対するノー天気ぶりが際立つ。代表作は『０の決死圏』（一九六九年）というアクションサスペンス。

グレゴリー・ペック演じる米国人スパイの科学者は、なんと毛沢東主席とピンポンまでしてしまう。あまりのバカバカしさに呆れたのを思い出すが、映画評論家の重鎮、双葉十三郎も「アメリカの子供っぽさ」と酷評していた。

## 米中接近

本作の公開から三年後、ニクソン大統領が電撃的に訪中し、毛沢東と会談して米中は急速に和解の方向へ進む。ニクソン政権としては、中ソの対立をうまく利用したつもりだったが、当時の中国政策大転換が今日のような事態を生む出発点となった歴史も忘れてはならない。

以上の経過もあり、一九七〇年代から八〇年代にかけて、ハリウッド映画の中で悪役を演じる共産国はソ連が中心だったため、前述した『レッド・ドーン』のオリジナル版、一九八四年に制作された『若き勇者たち』の中で、突如アメリカの田舎町に攻め込んでくるのは、ソ連、キューバ、ニカラグアの連合軍だった。

ところで、本作には大変興味深いシーンが出てくるので紹介しておく。ソ連等の占領軍に抵抗する戦士たちのリーダー役パトリック・スウェイジ（映画『ゴースト／ニューヨークの幻』〈一九九〇年〉の主役）が、撃墜された米軍のパイロットと話し合う場面。

『若き勇者たち』——銃をとって共産軍に立ち向かう若者を演じた、左から
パトリック・スウェイジ、C・トーマス・ハウエル、チャーリー・シーン

そのパイロットは、ソ連軍の動向や国際情勢を説明しながら、唯一頼りになる「味方は中国」だと断言する。これは、レーガン政権時代の対ソ連戦略の反映だが、やはりハリウッド映画の「子供っぽさ」を表わしている。

なにしろ、一九九一年には、レーガン大統領が「悪の帝国」と呼んだソ連自体が消滅するのに対し、中国の方は、ますます国力を強め、恐るべき覇権主義国家に変身してしまうのだから。

それでも、一九九七年にはブラッド・ピット主演の『セブン・イヤーズ・イン・チベット』のような作品が制作されていた。ハリウッドも、中国のチベット

『セブン・イヤーズ・イン・チベット』――オーストリアの登山家ハラーと若きダライ・ラマ14世との交流を描いた自伝の映画化。主演はブラッド・ピット(左)

侵略をリアルに映像化するだけの良心をまだ持ち合わせていたが、この頃を起点に雲行きがだいぶ怪しくなってくる。『プリティ・ウーマン』(一九九〇年)の大ヒットで人気の頂点にあった俳優のリチャード・ギアは、一九九三年のアカデミー賞授賞式で、中国によるチベット占領を公然と非難し、その後もチベット支援を続けたおかげで、仕事がこなくなる。中国の暗い影がハリウッド映画界に広がりつつあったのが、一九九〇年代と言えよう。

二十一世紀に入ると、その影が正体を露わにし始める。当初はジャッキー・チェンのような大スターのハリウッド進出だったので、ごく自然に見えたが、監督のジョン・ウーが、『ミッション：インポッシブル2』（二〇〇〇年）のような大作を手がけ、戦争映画『ウインドトーカーズ』（二〇〇二年）で、日本軍を大東亜戦争中のハリウッド製反日映画風に描いたあたりから、映画をよく知る人々が違和感を持ち始める。

ジャッキー・チェン、ジョン・ウーは共に香港映画界出身で、政治信条とは無関係な映画ファンに支えられていたため、ハリウッド映画も、当然大歓迎だった。

加えて、その頃は中国映画に勢いがあってチャン・イーモウ監督が、『あの子を探して』（一九九九年）でヴェネツィア国際映画祭金獅子賞、『初恋のきた道』（一九九九年）でベルリン国際映画祭審査グランプリを連続して受賞する等、優れたヒット作を次々と生み出していた影響も無視できず、中国共産党によるハリウッド工作の実態を正確にとらえるためには、同時代の中国映画史をもう少し分析しないと本当のところは難しい。

## 明確になった中国の意図

ともあれ、二〇〇〇年代になると、中国の意図は明確となる。最も分かりやすい例は、『オデッセイ』（二〇一五年）。

本作は火星探査ブームにのって制作された近未来SF映画の大作だが、火星に一人残されたアメリカの宇宙飛行士（マット・デイモン）を救うために、中国が援助を申し出て協力するシーンがわざわざ映し出されるが、その展開がいかにも美談めいて全体の雰囲気とかみ合わず、リドリー・スコット監督らしからぬ演出が目についた。

同監督は、『ブレードランナー』（一九八

『オデッセイ』――火星にひとり置き去りにされた米宇宙飛行士マーク・ワトニーを演じるマット・デイモン〈写真：Everett Collection/アフロ〉

二年）、『ブラックホーク・ダウン』（二〇〇一年）等の傑作を世に送り出し、いまやハリウッドの名匠といわれる存在。が、『オデッセイ』を観ると作家精神の衰えを感じざるを得ない。

同じく、中国との関わりが作品の出来具合にマイナス作用を及ぼしたのが、『オデッセイ』と同じ年に製作された『ブラックハット』（二〇一五年）。

本作では、中国軍の情報部員が、ＦＢＩ捜査官と協力しながらサイバーテロ集団と戦う。現在のように米中対立が激しくなかったとはいえ、当時の米中関係から考えてもあり得ない設定だったので興ざめした。監督が巨大メディア産業の内幕をリアルに活写した傑作『インサイダー』（一九九九年）のマイケル・マンだったからなおさら意外な印象を受けた。

『ブラックハット』
Blu-ray：2,075 円（税込）/ DVD：1,572円（税込）
発売元：NBCユニバーサル・エンターテイメント
＊2023年2月の情報です

これらの作品が制作された翌年（二〇一六年）、『ダークナイトライジング』（二〇一二年）や『ジュラシック・ワールド』（二〇一五年）等の話題作で知られるアメリカの映画会社レジェンダリー・ピクチャーズが、中国の「大連万達グループ」に買収され、中国によるハリウッド映画製作が本格的にスタートする。

同社は、その後『キングコング：髑髏島の巨神』（二〇一七年）や『ゴジラ：キング・オブ・モンスターズ』（二〇一九年）等を製作し、同ジャンルのファンを数多く獲得した。たわいのないモンスター映画に潜む政治的思惑を読み解く洞察力が、今の映画観客には必要とされている。

## ハリウッドの良心と活力を守れ

確かに中国は巨大な市場であり、そこから入って来るチャイナマネーによってハリウッドが莫大な利益を得ているのは事実だが、そのために作品のもつ精神まで売り渡しては元も子もない。

いま、ハリウッド映画が直面している最大の問題はそこにある。検閲大国チャイナの目的を探っていけば、いくつもの例をあげてきたように、中国共産党の工作に行き着くのは、もはや疑問の余地はないが、映画ファンにとって、最も危惧すべきは作品内容の劣化である。

これまでもなんらかの政治的プロパガンダに染まった時、ハリウッド映画は魅力を失ってしまったが、その都度新たな風による刷新力によって蘇って来た。ある時代には、ラジオやテレビ等他産業からの人材による場合もあったが、外国から招いた映画関係者というケースが多かったように思う。

いくつもの名作を残した映画監督なら、エルンスト・ルビッチ、アルフレッド・ヒッチコック、ビリー・ワイルダーの名前がすぐ頭に浮かぶ。以上は第二次大戦やヒトラーのユダヤ迫害の影響でアメリカへ渡って来た実力者たち（ただし、ルビッチは一九二〇年代にハリウッドに招かれている）だが、それ以外にもボリス・カーロフやベラ・ルゴシなどがヨーロッパから来て怪奇映画の大スターとなったのは、往年の映画ファンならよくご存知だろう。近年はオーストラリア、インドをはじめ東欧、アジア、中南米諸国等世界中の才能ある映画人が、ハリウッドに新しい風をもたらしている。

ただし、中国共産党の代理人については、どのような人物であっても願い下げだ。不思議なことにこの連中だけは、ハリウッド映画のもつ良心や活力を奪い取ってしまうからである。

（「正論」二〇二一年二月号　産経新聞社）

# 戦争映画が映すアメリカの現在

## その時どきの世論を映し出す鏡――社会の変化を先取りした映画たち

『地獄の黙示録』『プラトーン』『ハンバーガー・ヒル』『フルメタル・ジャケット』『史上最大の作戦』『トラ・トラ・トラ！』『ラスト・フル・メジャー　知られざる英雄の真実』『ダウンサイズ』『アウトポスト』『1917　命をかけた伝令』

### ベトナム戦争後遺症からの転換

戦争映画は他のジャンル映画（例えば西部劇や歴史劇等）と同じく、制作された時代状況や世論をスクリーンに映し出しているわけだが、アメリカでは「世論の鏡」としての存在にとどまらず、戦争映画がまた新たに時代の雰囲気をつくり出すという特別な役割を果たして来た。

一七七六年の独立当初から戦争を繰り返し続けるアメリカ合衆国にとってこのジャ

『地獄の黙示録』——破天荒な指揮官キルゴア中佐を演じるロバート・デュバル

ンルの作品は、映画史上重要な位置を占めているといえよう。

南北戦争、第一次世界大戦、第二次世界大戦、朝鮮戦争、ベトナム戦争、湾岸戦争、アフガン戦争、イラク戦争、そして対テロ戦争に至るまでそれらを題材にした夥しい数の映画が制作された。中でもベトナムを舞台とした『地獄の黙示録』（一九七九年）と『プラトーン』（一九八六年）は、ハリウッドの同種作品作りの大きな転換点となったことはよく知られている。

現在あらゆる戦闘シーンが、リアルに映像化されているのは、前述した二作品をきっかけとする一連のベトナム戦争映画（『ハンバーガー・ヒル』〈一九八七年〉、『フルメタル・ジャケット』〈一九八七年〉等）のおかげといってよい。それ以前のハリウッド作品は、『史上最大の作戦』（一九六二年）、『トラ・トラ・トラ！』（一九七〇年）に見られるごとく、スケールが大きく迫力に満ちたものでさえ、戦闘シーンは今日のようなリアルで生々しい描写となっていない。

大転換が起きたのは、アメリカがベトナムへの軍事介入を正当化できなくなり、自国の戦争観に揺らぎが生じたせいである。戦場の現実感覚を飛躍的に精緻なものにしたのは、一九三四年以来過激な暴力やセックス描写を規制し続けた「プロダクション・コード」が一九六八年に消滅したこと、加えて特撮技術の進歩も当然影響しているとはいえ、戦争観の変化が最も大きい。

そのため軍人たちのヒロイズム（英雄主義）はB級アクションの分野を除き、否定的ないし抑制的に扱われるのが一般的となった。ベトナム戦争に対する敗北感、挫折感の後遺症は、それだけハリウッド映画界を覆いつくしてきたといえるだろう。その流れも再び大きな転換期を迎えている。

## 軍人の名誉を回復する作品

二〇二一年三月、わが国で公開された『ラスト・フル・メジャー 知られざる英雄の真実』（二〇一九年）は、ベトナム戦争で亡くなってから三十四年後に名誉勲章を受賞した米空軍パラレスキュー隊員の実話を映画化したものだ。

一九六六年四月、サイゴン近郊で交戦中の第一歩兵師団の部隊から救助要請を受け、現場へ向かったヘリに搭乗していたウイリアム・H・ピッツェンバーガー上等兵は、敵味方の撃ち合う真只中へ空から降下し、救助活動と戦闘に加わる中で、悲壮な最期を遂げてしまう。

『ラスト・フル・メジャー』
発売中Blu-ray5,170円（税込）／DVD4,180円（税込） 発売元：㈱彩プロ 販売元：TCエンタテインメント 販売協力：㈱シネマファスト

＊2023年2月の情報です

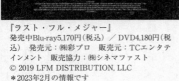

ドラマは、長年にわたってピッツェンバーガー上等兵に名誉勲章が与えられなかった謎を解き明かしていくミステリー仕立てになっているが、映画の中心テーマと目的は、「汚い戦争」に参加したとして、蔑《さげす》まれて来たベトナム戦争従軍将兵たちの名誉回復である。

驚くのは、アメリカンニューシネマの代表作『イージー・ライダー』（一九六九年）の主役ピーター・フォンダが、一九六六年四月、戦闘の起きた現場に居合わせ、辛くも生き残った帰還兵の一人を演じていることだ。

ベトナム反戦運動やカウンターカルチャーのシンボルだったピーター・フォンダが軍服を着て敬礼する姿など、誰が予想したであろうか。彼が亡くなる直前に、わざわざこのような役で出演した事実が、作品のもつ意味をよく物語っている。

ベトナムの戦場で戦った将兵たちの名誉を回復する映画が、自身の遺作になったのを本人は、きっと喜んでいるにちがいない。（ピーター・フォンダは映画出演後間もなく、二〇一九年八月十六日、肺がんによる呼吸不全で死去。享年七十九だった）

## 反戦映画からの様変わり

それにしても、なぜこのような戦争映画がいま製作されたのだろうか。フォンダ以外も、反戦運動が盛んだった頃の同世代スターたちが帰還兵役を熱演している。ウイリアム・ハート、サミュエル・L・ジャクソン、エド・ハリス、それに戦死したピッツェンバーガーの父親役クリストファー・プラマー等、大物俳優が大挙出演しているのを見ても、作品にかける制作サイドの並々ならぬ意気込みを感じさせるが、その割にハリウッドでは話題にのぼらず、日米のマスコミもさほど関心を示さなかった。

大切な出来事は報道しない大手マスコミの現況から考えると、話題性が豊富だったにもかかわらず注目されなかった事実こそ、作品のもつ価値を読み解くカギといえよう。

実をいえば、本作には軍人たちの名誉を回復し讃える以外にも、重要なくだりがいくつか登場する。ピッツェンバーガー上等兵の名誉勲章授与に関して調査を担当した国防総省の官僚スコット・ハフマン（セバスチャン・スタン）が当時戦闘の行なわれた戦場跡地を訪れるシーン。ハリウッド映画には珍しく、戦後復興した平和で穏やかなベトナムの様子が映し出されるのが目を引く。

このところ、莫大なチャイナマネーの流入によって、中国に忖度する作品（ニューズウィーク日本版二〇二〇年九月八日号の特集記事には、『トップ・ガン　マーヴェリック』〈二〇二〇年〉他十二作品がリストアップされた）を数多く制作するようになったハリウッド映画界は、ベトナムに対しては概して冷ややかである。たとえば、マット・デイモン主演の『ダウンサイズ』（二〇一七年）で、共産主義国の強権政治から逃れ、アメリカへ亡命して来た女性は、なんとベトナム人という設定になっていた。

アジアの共産主義独裁国家といえば、中国か北朝鮮なのは常識だが、南シナ海で領海をめぐり中国と鋭く対立し、アメリカや日本等自由主義諸国と友好関係を深める共産主義国ベトナムに、アジアを代表する独裁政治の汚名を着せようという魂胆が透けて見える。チャイナマネーに汚染されたハリウッド映画が目につく中で、『ラスト・フル・メジャー』は貴重というべきだ。

もう一つは、主人公のスコット・ハフマンが、調査活動にのめり込む中で、国防総省内の官僚主義や連邦議会の事なかれ主義と果敢に闘い、自己の出世を犠牲にしてまでもピッツェンバーガーの名誉勲章授与式を実現する感動的なエンディングだ。このあたりは、アメリカのポリティカル映画によくある反権力的描写と変わらず、新鮮味を感じないが、国防総省の官僚主義や連邦議会の事なかれ主義を厳しく批判する現代的意味を、正確に読み取る必要がある。

## 中国から離れる米世論を反映

以上の作品分析を踏まえると、映画制作の底流にある政治的見解が垣間見えてくるのではないか。この間、中国に忖度して来たハリウッド映画界は言うまでもなく、中国に宥和的な姿勢をとり続ける民主党をはじめ、共和党の大物議員を含む政府内や連邦議会内の事なかれ主義、官僚主義に対する根深い不信感が作品のベースとなっている。

さらには、社会を混乱に陥れるＢＬＭ（ブラック・ライブス・マター）やアンティファ等暴力主義的な勢力と結びつき、合衆国建国の歴史や国家体制そのものまで否定しかねない民主党左派の行動（黒人差別問題を理由とした、南軍のリー将軍像、コロンブス像の破壊や警察廃止の要求等）への拒否反応が底流にあるのは疑いない。

その点では、今や国民の半数を占め、一大勢力となったトランプ前大統領支持層の思いとも重なるが、むしろ香港の民主主義破壊、人権弾圧を皮切りに、ウイグル族へのジェノサイド（民族大量虐殺）政策などをますますエスカレートさせる中国共産党に反発する超党派的な、アメリカ世論の反映と見るべきだろう。

ベトナムで戦った将兵の栄誉を讃える戦争映画が、過去のハリウッドスターたちの協力を得て製作されたのは、以上にあげた政治社会的状況が背景にある。

『ラスト・フル・メジャー　知られざる英雄の真実』とほぼ同

『アウトポスト』
発売中Blu-ray5,720円（税込）
発売元：クロックワークス
販売元：TCエンタテインメント

＊2023年2月の情報です

『1917 命をかけた伝令』
Blu-ray：2,075 円（税込）/ DVD：1,572 円（税込）
発売元：NBCユニバーサル・エンターテイメント
＊2023年2月の情報です

時に日本で公開された『アウトポスト』（二〇一九年）は、二〇〇九年十月三日に実際に起きたアフガニスタン戦史上最大の激戦と言われる戦闘を、迫力ある映像で再現したものだが、物語のラストに戦った将兵たちへ様々な勲章が授与された経過が逐一紹介される。ここでも勲章の話が印象的に語られるので、つい同受賞問題に関心が向いてしまう。国のために戦った勇者たちを讃えるという点で、両作品は全く共通している。

そういえば、昨年（二〇二〇年）のアカデミー賞十部門にノミネートされ三部門を獲得したのも『１９１７　命をかけた伝令』（二〇一九年）という戦争映画だった。

本作は第一次世界大戦のフランス戦線が舞台。戦場の恐怖を全編ワンショットで見せる撮影手法には驚嘆させられたが、最も感銘を与えるのは、その斬新なキャメラワークにより、観客が本物の戦場に迷い込んでしまったと、錯覚におちいらせる卓抜な演出力である。近年、低迷を続けるハリウッド作品の中で戦争映画だけは傑作・力作が目立つ。冒頭で取り上げた『地獄の黙示録』のファイナルカット版（二〇一九年）も『１９１７　命をかけた伝令』と同じく昨年わが国で公開された。このようにハリウッドが相次いで優れた同ジャンル作品を製作しているのは、きな臭い世界情勢の反映と見て間違いない。

## 米中対立は映画にも変化を

では、現在国際社会で最も危険な戦争挑発国家はどこか。もちろん中華人民共和国である。

南シナ海での人工島建設とその武装化、同地域での周辺諸国船舶への攻撃や恫喝、台湾への軍事侵攻示唆、インドとの国境をめぐる武力衝突、それにわが国の尖閣諸島周辺に連日、複数の武装船を送り込み領海侵犯を繰り返す等、あげ出したら数えきれないほど軍事挑発行為を行なっている。

覇権主義の拡大は、中国共産党の長期的な大戦略とはいえ、その流れが加速度を増しているのは、二〇一二年に成立した習近平政権が、国内の独裁政治や全体主義体制を再編強化したからで、ウイグル族への「ジェノサイド」は、その必然的な結果である。

そんな中、トランプ前政権のポンペオ米国務長官が、中国によるウイグル人への「ジェノサイド」を認めたことは、きな臭い国際情勢を一変させる出発点になるかもしれない。トランプ政権の政策なら何でも覆すバイデン大統領も、さすがにポンペオ発言を否定するわけにいかず、ブリンケン国務長官も中国の「ジェノサイド」を認定した。

急激な情勢変化に直面し、ハリウッドもこれまでのように、チャイナマネーをあてにするわけにいかなくなった。現在、トランプ支持派や共和党員だけでなく、民主党員と同党支持者を含むアメリカの世論が反中国に舵を切り替えつつある。

そう考えると、ベトナム反戦運動世代の後押しを受け、軍人の名誉を讃える映画が、トランプ政権時代に制作されたのも偶然とはいえない。社会の深部で起きつつある動きを先取りしたものというべきだ。

アメリカ合衆国では、戦争映画は世論を映し出す鏡としての存在にとどまらず、また新しい時代の空気をつくり出すのである。

（「正論」二〇二一年六月号　産経新聞社）

# 香港民主化運動の希望 デニス・ホーの闘い

「自由と民主主義の危機」に立ち上がった
香港ポップスターを追うドキュメンタリー

『デニス・ホー ビカミング・ザ・ソング』

## 絵空事が「リアル」に

今年（二〇二一年）一月、香港の民主活動家や政治家約五十人が相次いで逮捕されて以降、香港警察による民主化運動への弾圧を伝えるニュースは、わが国のマスコミではほとんど目にしなくなった。だが、香港政府の民衆弾圧政策や監視体制は日々強化され、日本でもよく知られた周庭（アグネス・チョウ）氏は、凶悪犯が入る刑務所内に収監されていたが、六月十二日、ようやく釈放されたばかりである。

運動が勢いのあった頃には「自由と民主主義の危機」を盛んに報道していたわが国のマスコミも、いつの間にか沈黙してしまった。現況は、逃亡犯条例改正反対のデモが繰り返され、闘いが盛り上がった一昨年（二〇一九年）と比べ、危機は遥かに深化し、まさしく民主主義の息の根が止められようとしている。いまこそ、「自由と民主主義の危機」を多くの人に知らせ、運動の意味を再確認する時ではないのか。

わが国の大手リベラル派マスコミ（NHK・朝日・毎日）の香港報道は、事実認識や自由・人権についての立場が実に不可解である。これでは、中国共産党に忖度していると批判されても一言も反論できまい。

そんな時、香港の闘いの流れを映像で振り返り、現状と今後の展望を考えるうえでタイムリーな傑作映画が日本で公開された。『デニス・ホー　ビカミング・ザ・ソング』（二〇二〇年）である。

本作は香港ポップ界のスター、デニス・ホーが一九九六年に歌手の道に入ってから、現在に至るまでの活躍を描いたドキュメンタリーだが、彼女の歌手遍歴は、一九九七年に香港がイギリスから中国に返還されたあと、二〇二〇年になって香港国家安全維持法が施行され、一国二制度が事実上崩壊するまでの激動期とピッタリ重なっている。

冒頭、現在の心境を語るデニス・ホーのコメントが、この作品の核心を言い当てている。

「以前は自由と革命がテーマの歌を歌っても単に役を演じているだけで、絵空事《えそらごと》の世界だった。時代は流れ状況が変わり、気づくとロールプレイがリアリティ番組になっていた」

## カナダで学んだ自由の意味

もともとの彼女は政治に無関心で、「自由」とか「革命」という言葉も舞台で歌う歌詞に過ぎなかったから、時代や場所が異なれば、ポップスターの階段を昇り続けていたに違いない。が、人生はままならず、思いがけない道を歩むことになった。

社会的視点をもったドキュメンタリーを数多く手掛けてきたスー・ウィリアムズは、今回も監督・脚本・製作とオールマイティな才能を発揮している。

本作が他の同ジャンル作品と比べ、群を抜いて優れたものとなったのは、一人の歌手がアーティストとして成長していく過程を、香港の民主化運動と重ね合わせ映像化

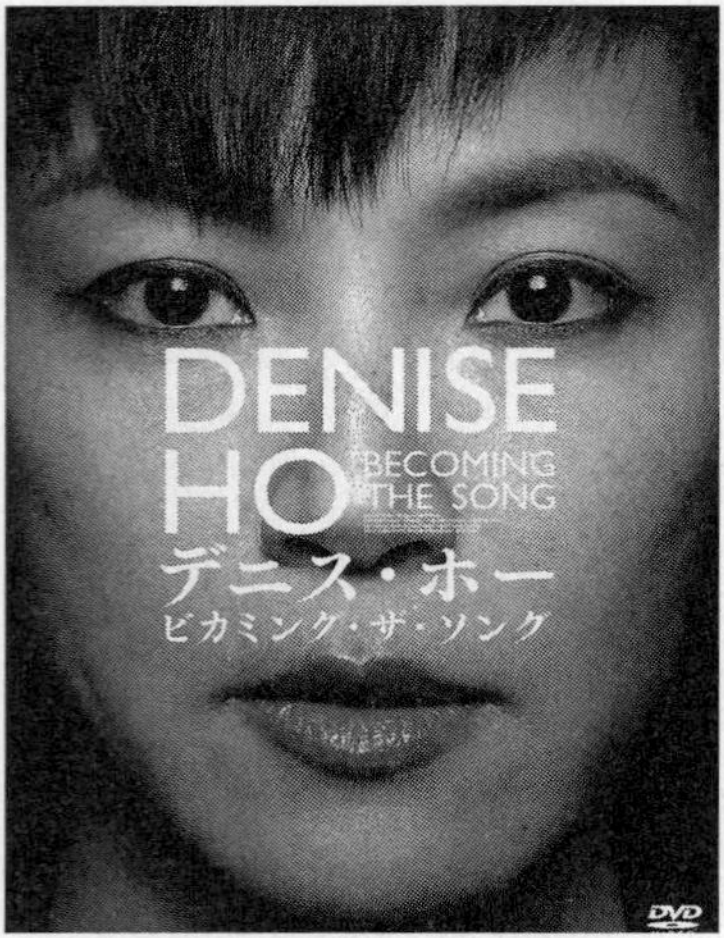


『デニス・ホー ビカミング・ザ・ソング』
2023年３月24日発売　DVD ￥4,950（税込）
発売・販売元：マクザム

＊2023年2月の情報です

しているからだ。画面に登場する闘いの記録は単なる歌手人生の背景ではなく、彼女の生き方と渾然《こんぜん》一体《いったい》となっている。それゆえ、全体の構成は民主化運動の歴史を時系列で追いながら、歌手としてのキャリアを積んでいく経過を同時並行で描いていく。

映画はデニス・ホーが、二〇一九年十月、ニューヨークでコンサートを開き、両親を訪ねるシーンから始まり、そこで彼女の幼少期と歌手を目指した経緯が明かされる。香港の恵まれた家庭で育った少女は、一九八九年の六・四天安門事件を機に、一家とともにカナダのモントリオールへ移住。当時の家族写真に続いて、天安門事件の生々しい記録フィルムが映し出される。ポップ界のスターとなる少女の個人史と民主化運動の歴史的大事件が結びつく。

青春期を送った場所に戻ったデニス・ホーは当時を思い出しながら「カナダは私を根本から変えた」という。自由の意味を学び、創造力を育んだ第二の故郷に対し、万感の思いを込めて歌うシーンが泣かせる。

カナダ時代から香港ポップに傾倒し始め、一九九六年、香港に渡って歌手となる。かねてより憧れていたポップ界の大スター、アニタ・ムイの弟子となり、スターへの階段を昇り始める。

これら歌手活動の部分は、それだけで独立した音楽ドキュメンタリーとして立派に成立しているが、デニス・ホーの場合、香港の民主化運動と切り離すのは不可能だ。アーティストの生き方と自由と民主主義の闘いが、彼女の中では完全に融合している。

## 雨傘運動参加で逮捕

後半に入ると、その個人史と社会史が、ますます抜き差しならない関係になっていく。

まず一九九七年、香港がイギリスから中国へ返還された日。自国の主権宣言のため、江沢民主席が雨の降るなか同地を訪れる。含み笑いを浮かべる主席の表情は、これから始まる強権政治を十分予感させる。

当時世界の人々は、中国の主権回復という主張を額面どおりに受け取り、一国二制度によって香港の民主主義と人権は守られると思っていた。しかし、いまになってみれば、国際社会が中国共産党にまんまと騙されたのは疑いがない。

イギリスが去ったあと、デニスの音楽活動は本格的にスタートし、舞台で歌い続けるその姿は充実感にあふれている。当時はまだ政治に無関心だったが、師匠のアニタが中国の民主化運動を支援していたおかげで、徐々に社会問題にも目覚めていった。二〇〇三年に師匠・アニタを癌で亡くしたあと、失意の底にあったデニスは、自分らしさを前面に出して再起する。

さらに社会活動に取り組み、友人のポップ歌手アンソニー・ウォン（黄耀明）に続いて、自ら同性愛者であることを世間に公表した。この決断が後に民主化運動に参加していく重要なきっかけとなった。やはり個人史の転換点が、社会的な出来事と連動しているのだ。

その直後、習近平主席が壇上にいる共産党大会シーンに変わり映像のトーンが民主化闘争へと切り替わる。二〇一四年、中国共産党指導部は香港の選挙への統制を強め、北京が選んだ人物だけしか立候補できない仕組みに突如制度を変更。そのため、普通選挙を求める「雨傘運動」が一挙に高揚し、色とりどりの傘を手にした人々が学生たちの演説する路上にあふれ、政府に対し抗議の声をあげる。

「香港のことは、香港人が決める」「民主主義を守れ」のスローガンや大勢のデモ参加者に勇気づけられたデニス・ホーは、街頭占拠を続ける群衆の前で、アンソニー・ウォンとともに歌い、座り込みの先頭に立つが、警察に逮捕されてしまう。

## 中国による妨害行為

抵抗運動が尻すぼみに終わったあと、当局にマークされた彼女への圧力が強まっていく。

ＳＮＳの発信ができなくなったのはもちろん、コンサートや演奏旅行等すべての活動が妨害されるようになった。彼女はこう証言する。

「中国は表立って禁止するようなマネはしない。それとなく自主検閲するよう促《うなが》す」

この大切な教訓を日本人も忘れてはならない。

世界的な化粧品のブランド、ランコムでさえ共産党の巧妙な工作に屈し、同社主催のコンサートを中止。それ以外のスポンサーだった欧米の大手企業も、中国での商売に不利益が起こらないように次々と離れていく。

中国本土での演奏活動が大きな収入源だったため、収入の九十パーセントが断たれ、彼女は身動きの取れない状況へと追い込まれてしまう。様々な圧力や工作によって、欧米の有力企業でさえスポンサーを降りざるを得なくなった事態は、中国政府による言論・文化活動への抑圧や統制方法を理解するうえで見逃してはならない。

ハリウッド映画界が、アメリカ国内に流入してくる莫大なチャイナマネーのために作品内容まで中国に忖度しているのは、いまや世界中に知れ渡った公然たる事実だが、冒頭に書いたわが国の大手リベラル派マスコミの不可解な報道ぶりも、ハリウッド映画の状況やスポンサーを降りた欧米の大手企業と事情はまったく同じである。事実を伝えるべきマスコミが、中国共産党の圧力を恐れ、報道に手心を加えるなどもってのほかというしかない。

かくのごとく、中国共産党の言論弾圧と情報操作は、わが国にも深く浸透している。

本作には、監視カメラが香港市内に張り巡らされている様子を描きながら、「目につかない形で暴力が横行している」とアンソニー・ウォンが語る印象的な場面が出てくるが、暴力は警察によるむき出しのものとは限らない。

わが国の大手リベラル派マスコミが、ウイグル人へのジェノサイド（民族大量虐殺）報道をなるべく小さく扱い、中国共産党批判を手控えているのも、「目につかない形で」の暴力というべきではないか。NHKのニュース番組などを見続けていると、事実認識が麻痺し、中国の情報操作に手もなく絡めとれてしまう。

## 恐るべきデモ弾圧の実態

二〇一六年の大規模コンサートを最後に、デニス・ホーは香港を離れ、欧米での音楽活動に移行。雨傘運動の敗北感や当局の締め付けに対する挫折感が残っているとはいいながら、依然として意気軒昂《いきけんこう》である。来《きた》るべき闘いへの英気を養っている日常をカメラが追う。新曲を録音するため、スタジオ内のマイクの前で熱唱したあと、香港の群衆のなかに彼女が颯爽と姿を現わす。

いよいよ、映画はクライマックスを迎える。二〇一九年六月十六日、逃亡犯条例改正に反対する二百万人の大規模デモが市内を埋め尽くした。警官隊が警告もなしに催涙《さいるい》弾《だん》を乱射し、逃げ惑うデモ参加者を無差別に逮捕していく。

その際の暴力行為が凄まじい。路上に大量の血を流しながら押さえつけられる若者、銃を構え発砲する警官隊。中国共産党が法執行者の仮面をかなぐり捨て、正体を現わした瞬間をカメラはいくつも捉えている。

なかでも警察官が至近距離からデモ参加者を拳銃で撃つシーンは、何度見てもショッキングだ。このようなやり方で警察が一般市民に発砲する映像は世界の歴史にも類例がなく、貴重な歴史資料として残るにちがいない。日本のテレビでは放映されなかった恐るべき弾圧の実態が次々と明らかにされるが、暴力をエスカレートさせているのはデモ参加者ではなく警察側であるのを、このドキュメンタリーは証明しつくしている。

逃亡犯条例改正反対の運動が高揚するなか、デニス・ホーは、二〇一九年七月八日、国連で演説する。「一国二制度は死にかけており、抗議は続きます。香港の人々を守るために緊急会合の招集を、国連の人権理事会から中国を除外してほしい」と訴える彼女の凛《りん》とした顔つきと堂々とした態度は、歌手のイメージをはるかに超えているといえよう。

そして、警察の弾圧が激しくなってから、今度はワシントンDCへ行き、アメリカ合衆国の外交委員会で香港の民主化闘争の状況を証言するが、その時の発言が、格調高く事柄の本質をついているので、やや長いが、そのまま引用する。

「今回の抗議の発端は逃亡犯条例でしたが、核心は二つの異なる価値観の対立です。一方の中国モデルは人権と法の支配を尊重しません。我らが香港は、それら普遍的価値の大半を深い愛着を持ち、自由に享受してきました。香港が陥落すれば、中国の一党独裁体制がさらに勢いをつけ、他国への押し付けも増える。米国と同盟国の皆さん。自由な市民社会への脅威です。我々は民主主義を求め、選択の自由を求めています」

証言を熱心に聞く委員会の席には、共和党のマルコ・ルビオ議員の顔も見えるが、この発言が、わが国にも向けられているのを日本国民は肝《きも》に銘《めい》ずべきだ。日本はアメリカの東アジアにおけるもっとも重要な同盟国であり、いま中国人民解放軍の軍事的な挑発を日々受けている台湾と並び対中国の最前線にいる「人権と法の支配を尊重」する国なのである。

ワシントンで証言を終えた後、カメラは再び二〇一九年十月、ニューヨークで開かれたコンサートの場面に戻る。満席の観客に、デニス・ホーが静かに語りかける。

「今回、香港の若者たちは我々に教えてくれた。行動を起こすのに特別なことは必要ない。何か一つ動きを起こせば、必ず周囲にも伝わる」

こう話し歌い始めると、客席から大きな手拍子がわき起こる。その歌声をバックに、過去のコンサートの記録や闘う人々の映像が次々と流れていく。曲が終わる間際にスクリーンに〈香港に自由を〉の文字が現われ、ギターを片手に右手を高々と掲げたデニス・ホーのエンディング場面で、文字は〈香港の戦いは続く〉に変わる。

公開劇場はわずかしかない。わが国のテレビ局が放映に消極的なのは目に見えており、日本国民が『デニス・ホー　ビカミング・ザ・ソング』を観る機会は極めて限られているといえよう。

本作は音楽ドキュメンタリーとしても完成度が極めて高く、デニス・ホーの歌を十分堪能しながら、香港の真実の姿を知ることができる。一刻も早くＤＶＤ化してもらいたい。


（「Ｈａｎａｄａ」二〇二一年八月号　飛鳥新社）

# 誰が東京五輪の足を引っぱったのか

## コロナ禍の下で開催された東京2020オリンピック――一九六四年の東京大会記録映画で比べてみると……

『東京オリンピック』

### 六四年東京大会を映画で振り返る

今回の東京オリンピックはあらゆる国内外の組織、個人の実像をあぶり出した大会だったといえよう。中でも日本共産党、立憲民主党や左派リベラルの新聞・テレビによる言動は、社会的に責任ある公党やマスコミとはいいがたい理解不能なものばかりが目立った。

日本共産党にいたっては、開会式後、大会が始まってからも開催反対署名活動を続行するという、国会に議席をもつ日本の政党としては例のない驚くべき行動に出た。いままでも左派野党は、様々な難癖をつけ、政府批判を繰り返してきたが、国民が一丸となるべき国家イベントの開催中にまで正面からブレーキを踏む挙に出たことは初めてではないだろうか。

また武漢ウィルスについて、科学的根拠を何ら示さないまま、変異株の感染拡大までオリンピック開催と結び付けた左派・リベラル派の論法などは、呆れるばかりだ。同じ時期に開催されていたプロ野球や多くのイベントでは観客収容が認められるといった状態が続いていた。なぜ、オリンピックだけが無観客でなければならないのか。反対派、無観客派のダブルスタンダードには首を傾《かし》げざるを得なかった。

しかし、ではなぜ、オリンピックに背を向ける人々は極端な立場をとり続けたのだろうか。武漢ウィルスの感染が拡大する状況があったとは言っても、それだけで、彼らの不可思議な言動は説明できない。

そんなことから私は、反対・中止を主張した政党やマスコミが、過去のオリンピックにおいてどんな態度をとったのかを知りたくなった。謎を解くためには、歴史を振り返る必要がある。

そこで、一九六四年の東京オリンピックを思い起こし、今年（二〇二一年）の大会と比べつつ、このような事態に至った原因を探ることにした。

当時の新聞や雑誌のバックナンバーをめくってみるのも一興だが、市川崑監督の映画『東京オリンピック』（一九六五年）を鑑賞しながら、振り返る方法がベストではないか。

## 参加国の顔ぶれがすっかり変わった

本作は映画完成時には、「記録性がない」といった批判をうけ、物議をかもしたが、カンヌ映画祭で国際批評家賞、英国アカデミー賞でドキュメンタリー賞を受賞するなど、世界的にも高く評価された堂々たる大作で、今では名作の評価も定まっている。

様々な競技に臨む選手たちや声援を送る観客たちの映像を見ていると、半世紀前の日本人や諸外国の人々の心情や生活感覚がリアルに伝わってくる。記録フィルムは嘘をつかない。

注目すべきは、アメリカ、イギリス、フランスなど西側先進諸国や、国家政策としてスポーツに力を入れていたソ連など共産国に負けず劣らず、当時のわが国も、やはりメダルラッシュとなった。

金メダル獲得が有力視されていた体操、柔道、レスリング、重量挙げ、女子バレーボールなどで世界のトップに立ったアスリートたちの真剣な眼差し、笑顔、そして柔道無差別級の決勝でオランダのヘーシンクに敗れた神永昭夫《かみながあきお》、マラソンのゴール直前でイギリスのヒートリーに抜かれ、惜しくも三位となった円谷幸吉《つぶらやこうきち》の無念な表情は、この夏、テレビやユーチューブに映し出された日本人メダリストたちの姿と重なって見える。

昔も今もアスリートたちの勇姿は、素晴らしく魅力にあふれているが、著しく変容してしまったものがある。その代表は参加国の顔ぶれで、とりわけ東ヨーロッパ・東アジア諸国の状況は激変といっていい。

市川崑監督は、一九六四年の一大スポーツ祭典を二時間五十分の長尺フィルムにおさめるため、インターミッション（休憩）をはさんで前半と後半にわけ、前半のハイライトを開会式と各国の入場行進シーンにおいている。

当時の開会式を見ると、大会主催側の演出はシンプルだが、直截で力強いのに感服

1964年の東京オリンピック開会式で、聖火台への階段を駆け上がる最終聖火ランナーの坂井義則氏〈写真／産経新聞社〉

する。航空自衛隊のブルーインパルスがアクロバット飛行で五輪マークを大空に描く場面だけは、五十七年間の隔たりを感じさせないが、参加国の変貌には目を向けざるを得なかった。

まず中国として参加したのは中華民国。つまりいまの台湾である。もちろん、中華人民共和国は参加していない。共産主義中国が国連に加盟し、国際社会に認められるのは一九七一年だから、六四年に共産国で大選手団を送ってきたのはソビエト連邦である。

ポーランド、ハンガリー等東欧諸国の選手たちが力強く歩む光景も印象的だが、西ドイツ選手と東ドイツ選手が、五輪マークのついた統一国旗を掲げ、肩を並べて行進するのがとりわけ目を引く。

これらソ連を筆頭とする東欧共産国は、八〇年代末から一九九一年にかけて民主革命が立て続けに起き、全て消滅してしまった。一九六四年の記録フィルムを今見ると、隔世の感がある。

しかし、そんな共産国の人々も友好的で親しみやすい。ブルガリアやハンガリーなどの選手たちが、平和の大スポーツ祭典を満喫し楽しそうにしているところをカメラはそれとなくとらえている。

二年前のキューバミサイル危機で、反米親ソの立場を鮮明にし、共産陣営に加わったキューバの選手団は、全員が手にした日の丸の小旗を振りながら行進して、観客席から大歓声を浴びた。

## 共産圏混乱下の五輪

この夏、来日した中華人民共和国や韓国のように、当時はわが国への対抗心をむき出しにして、非常識な言動（日本食材の放射線量を測定したり試合中に暴言を吐くなど）でひんしゅくを買う国などひとつとしてなかった。

無論、金日成独裁の北朝鮮は参加せず、朝鮮半島を代表して選手団を送ってきたのは韓国だったが、同国は朴正煕大統領による軍事独裁体制が国際的に非難されている最中だった。が、そんな韓国でさえ、現在とはまったく比較にならないほど選手・代表団のマナーは良かった。

ところで、一九六四年の歴史を紐解いて驚くのは、東京オリンピック開催中に、なんとソビエト連邦でニキータ・フルシチョフが共産党第一書記と首相の役職を辞任し、ブレジネフとコスイギンの新体制が始まる政変の激震が起きていたことである。

その政治大変革と合わせて見逃せないのは、ちょうど日本共産党も内部の権力闘争が表面化し、フルシチョフが失脚する四ヵ月前、ソ連共産党と深い繋がりのあった志賀義雄衆議院議員（日本共産党中央委員）が党を除名され、宮本顕治指導部とソ連派との内紛がくすぶり続け、ただでさえ少ない共産党国会議員団の力は低下する一方だった。

日本共産党は、一九五〇年代初め、中国共産党の影響を受けた武装革命路線によって、国民の支持を大きく失って、一時は衆議院選挙当選者ゼロとなった時（一九五二年）もあった。

一九六三年の衆議院選挙ではなんとか五名の当選者を出すまでになった直後、前述の内部抗争が表沙汰となったのである。

六〇年代初期に本格化したソ連と中国の対立が、これら内外の共産党の権力闘争に多大な影響を及ぼしているのは疑いない。五〇年代までは、一枚岩と思われていた共産主義陣営に大きな亀裂が生じていた。

## 〝左翼沈滞〟下の六四大会

一方、日本政府の状態に触れるなら、開会式に出席したのは、がんの検査で入院したばかりの池田《いけだ》勇人《はやと》首相だが、オリンピック終了直後、病状の悪化を理由に辞任を表明、佐藤栄作が新たに首相の座についた。

政権を維持し続ける自民党は、吉田茂政権に次ぐ長期政権の誕生を迎え、高度経済成長期と相まって、繁栄と安定時代の出発点に立っていたといえよう。

いわば勢いづく自民党政権下にあって、日本社会の活力がみなぎり、国民の生活も豊かになりつつある中、共産主義勢力が国の内外で相対的に弱体化している時、東京オリンピックは開催されたわけである。

加えて六〇年安保闘争の敗北感、挫折感もまだ払しょくできず、共産党だけでなく国内左翼は総じて沈滞期にあった。以上の社会情勢が六四年東京オリンピックの大成功をもたらした根本的な要因である。

過去と現在の東京オリンピックについて、韓国の対応がまったく異なっているのも、東アジアにおける共産主義勢力の浸透政策と関連づけて考察する必要がある。

韓国社会の本質が露わになったという見方も確かに説得力に富み大切な視点だが、今は文在寅《ムンジェイン》政権の韓国を背後で操る北朝鮮の工作に目を向ける時ではなかろうか。

## メダル数に投影された国際情勢

さて、市川崑監督は、開会式、選手入場の後、男子百メートル決勝でボブ・ヘイズが十秒フラットのオリンピック新記録を出したシーンを皮切りに、陸上競技でアメリカが圧倒的な強さを誇る映像を次々と映し出していく。

昼の明るい時間からスタートし、あたりが真っ暗になる夜中まで延々と続いた棒高跳びで、アメリカのハンセンがドイツのラインハルトに劇的な勝利を収める場面を見ながら、時代の変遷を実感してしまう。

今回の東京オリンピックでも、アメリカは金メダルを含めメダルの総獲得数で断然第一位だったとはいえ、金メダル獲得数では中国にもうちょっとで抜かれるところだった。辛勝したに過ぎず、かつてのような勢いはない。

当時アメリカのメダル独占を許さなかった陸上競技では、女子砲丸投げがソ連など共産国の強さを発揮して注目された。

現在の日本でも、女性の権利が保障されている共産主義国の優位性の表われ、といった見当違いの感想をもつ人もいるのではないか、と思いながら同場面を見ていたが、私の興味を引いたのは、女子砲丸投げの表彰式で、メダルを渡す介添え役としてテキパキと動く艶やかな着物姿の若い女性たちだった。彼女たちの身のこなしは美しい。

今回の開会式や閉会式に国民の批判が集中した主な原因が、日本の伝統文化を大切にしているとは思えないＪＯＣの大会に対する姿勢にあったのは、周知のとおりである。

本論の最初にふれたように、六四年の開会式の優れた面は、シンプルな力強さにあったわけだが、その背景に日本の伝統や文化を生かした大会運営があったのを忘れてはならない。そのことを象徴するのが介添え役の着物姿の若い女性たちだったといえよう。

市川崑監督もそのあたりの事情を十分にくんで映画を製作した。介添え役の彼女たちを何度かカメラに収めただけでなく、巨大な富士山を背景に、聖火ランナーが走るロングショットや東京郊外の田園風景を上空から撮影した俯瞰ショットなど、日本という国を諸外国にアピールする映像を随所に織り込む作品作りが際立っている。

映画後半のハイライトはクライマックスのマラソン。エチオピアのアベベ・ビキラがトップを独走する場面をカメラはクロースアップなどの撮影技術を駆使してとらえ、編集段階で鮮烈な映像に仕上げた。

スローモーションで映しだされたアベベの表情や動きは、現在ＤＶＤで観返しても、私が小学六年生だった時、学校の映画鑑賞会で感じたイメージと少しも変わっていない。

マラソンや競歩などで力走する選手たちの様子を見ながら、沿道で声援を送る人たちのしぐさや人々が手にする日章旗につい目が向いてしまう。

東京・八王子で行なわれた自転車個人ロードレースの沿道では、小学生たちが日の丸の小旗を振って応援する風景がしばしば映し出され、女子バレーボールの表彰式でも君が代が流れる中、日章旗が高々と掲揚されるのを、カメラは河西《かさい》(結婚後、中村)昌枝《まさえ》キャプテンの引き締まった顔つきと共に大写しでとらえている。

市川崑監督は、他の競技(体操や柔道等)でも似たようなアングルで表彰式シーンを繰り返し、日本人選手の健闘をたたえているのが目に付く。

## 残念だった無観客大会

今回の大会では、日本のメダル獲得数が金メダルでは世界第三位、メダルの総数で世界第五位だから、当時の獲得数をはるかに上回った。

そのためテレビで日章旗掲揚シーンを目にする機会も格段に多く、メダルを獲得した日本人選手が嬉しさのあまり、大きな日の丸の旗を身に羽織って走り回る姿なども目にしたが、無観客のせいで大歓声がない分さびしく残念に感じた。オリンピック関係者の声援だけでは、選手たちの長年の努力や見事なパフォーマンスは報われない。

そこで思い出されるのが、二〇一九年に日本で開催されたラグビー・ワールドカップ。武漢ウィルスが世界を震撼させる直前だったから、感染報道の影響もなく、試合会場はどこも満席の状態だった。

特筆すべきは、声の続く限り声援を送る観客たちの様子で、わが国の選手が好プレーを見せるたびに、会場内にはどよめくような大歓声があがる。日本チームが相手のゴール手前まで迫ると、その声が一転して日本コールの大合唱となるといった具合だ。

しかも、客席にいる日本人サポーターの圧倒的多数が、赤と白の鮮やかなラインの入った桜のジャージを身に着けているため、大小の日章旗が勢いよく振られるたびに、赤と白の色が大きな波のようにうねる。おまけに、外国人サポーターまでが、必勝や闘魂と書かれた日の丸ハチマキをしめているので、会場内は日本一色に染まったといっても言い過ぎではない。

## 足を引っぱったのは誰か

以上の経過を踏まえると、もし正常な形で東京オリンピックが開催されていれば、国民がワールドカップに負けず劣らず応援したのは間違いないから、大会はさらなる盛り上がりを見せていたはずである。

市川崑作品のマラソンシーンで、沿道に鈴なりになって声援を送る人々の様子が映像化されているのに象徴されるごとく、六四年時の国民の高揚感はそれこそ大変なものだった。

私の知人の体験談によると、当時のマラソンコース（甲州街道）周辺のある公立高校では、午前中の授業が始まる直前、マラソン選手たちを見たくてうずうずしていた数名の生徒が「いくぞ」の掛け声で、いきなり教室の外へ飛び出したという。驚くのは、その生徒たちに続き、全校生徒の半分近くがマラソン見学のため学外へ出たが、教師たちはその行動を黙認したというのだ。

今では信じがたい話かもしれないが、類似のエピソードがいくつもあったからこそ、アベベや円谷を応援する人々が、鈴なりになるほど沿道を埋め尽くしたのではないか。つまり、日本国民の圧倒的多数が東京オリンピックに注目し、選手たちのパフォーマンスに魅了されていた。別の言い方をするなら、日本国民が思いを一つにして、東京大会開催を応援していたともいえよう。

それに対し、今回の東京オリンピックでは、国会に議席を持つわが国の政党や国内の大手マスコミの一部が、公然と反対の声をあげ、大会成功の足を引っぱったのを忘れてはならない。武漢ウィルス感染拡大よりも、日本人の間で、オリンピックについて賛否が分かれていた事実の方が、遥かに大きなマイナス要素で、六四年時との決定的な違いである。

無論、当時も左翼をはじめ反対の人々はいたが、既に社会情勢分析のくだりで詳述したように、同勢力は世論に影響を与えるほどの力を持てず、オリンピックについて賛否が分かれるような分断状況は皆無だった。

今回は幸い、日本人を筆頭に参加国選手たちの健闘や大会主催側の尽力により、逆流を見事に跳ね返し、無事大会を終えることができたが、一方で重要な教訓を残した。東京オリンピック中止の社説を掲げた朝日新聞に代表される分断工作を許さない世論づくりが何よりも大切だ。中国の軍事的脅威がますます強まる現在、国民の結束力を促す世論の形成が急務となっている。

（「正論」二〇二一年十二月号　産経新聞社）

# 映画で読みとく北京冬季五輪の歴史的罪

## 侵略戦争と民族虐殺への道を開いたベルリンオリンピックとの共通項

『オリンピア　民族の祭典／美の祭典』
『栄光のランナー　1936ベルリン』

### 戦端を開くきっかけに

目前に迫った北京冬季オリンピック（二〇二二年二月開催）に対し、アメリカ・イギリスを筆頭に外交的ボイコットを決定する国が相次ぐなか、カナダのスノーボード金メダリストが中国の人権侵害を理由として自国の代表選手に参加ボイコットを呼びかけるなど、選手個人の不参加も増え始めている。

国際社会の非難を無視し、ウイグル族へのジェノサイド（民族大量虐殺）をはじめ、チベット、南モンゴル、香港への人権抑圧をますますエスカレートさせている中国に、国際的な平和スポーツ祭典を開く資格はない。いまこそ世界の平和を求める人々は、侵略戦争と人権抑圧への道を開いた一九三六年の国際スポーツ祭典を思い起こす必要があるのではないか。

多くの識者が指摘するように、今日の世界は、ベルリンオリンピックが開催された一九三〇年代を彷彿《ほうふつ》とさせる政治・経済情勢となっている。中国による覇権主義が東シナ海、南シナ海を中心に猛威を振るい、グローバル資本主義の危機がますます深化しているのは、その象徴的表われといえよう。

一九三九年九月、ナチスドイツがポーランドに侵攻したのが、第二次世界大戦の始まりだったのはよく知られている。その際、戦端を開くうえで多大なる影響を及ぼしたのがベルリンオリンピックだった。ヒトラーの第三帝国が、自国のオリンピック開催に勢いを得て、世界制覇の野望を燃え上がらせ、戦争を開始する大きなきっかけとしたのを忘れてはならない。

習近平主席と中国共産党も、現在同じような野望を抱き、開戦の機会を虎視《こし》眈々《たんたん》と窺《うかが》っている。これまで中国は飛躍的に軍事費を増額してきたから、戦争への体制は整いつつあるのだ。

## 映画『オリンピア』の衝撃

ヒトラーの場合、戦争計画を実行に移すまで三年の期間を要したが、習近平は冬季オリンピックからそれほどの間をおかず、開戦の口火を切るかもしれない。もちろん、第一の目標は台湾侵攻である。

そこで、歴史上有名な記録フィルムと、最近製作されたベルリンオリンピックを題材とした映画で当時を振り返り、二月に始まる北京冬季オリンピックの歴史的意味を考えてみたい。

まず、ベルリンオリンピックの記録フィルムといえば、レニ・リーフェンシュタール監督のドキュメンタリー映画『オリンピア　民族の祭典／美の祭典』（一九三八年）が、映画史上最も有名で、戦後、間もなくわが国のテレビで何度か放映され、私も少年時代に観た記憶がある。

GHQ（連合国軍総司令部）の占領期が過ぎたとはいえ、現在のように戦時中の日

『オリンピア 美の祭典』──女子高飛込。飛込台の上に脚立を立てて撮影中のカット

本映画を放映する機会がほとんどなかった昭和三十年代、ナチス時代のオリンピック映画をテレビ放映したのは例外だったといえよう。

そんな少年期の体験を思い出しても、『オリンピア』の作品レベルの高さが分かるのではないか。戦前の日本人選手が大活躍するのに加え、躍動感にあふれた画面を食い入るように見つめ続けたのをよく覚えている。

本作をDVDで観返すと、ベルリンオリンピック開催当時の雰囲気が生き生きと伝わってくるが、監督のレニ・リーフェンシュタールが、様々な撮影方法を駆使し、演出も技巧を凝《こ》らしているから、純粋なドキュメンタリーといえないことに留意すべきだ。実際に行なわれた競技内容ではなく、映画用にわざわざ撮りなおしたシーンまで含まれている。

それは、レニの半生を描いた記録映画や証言によっても明らかで、たとえば棒高跳びを下から撮影するため、グランドに穴を掘り、その中にキャメラを持ち込むなどしたのはいまではよく知られている。

そのため、撮影クルーは大会主催者側としばしばトラブルを起こしたが、なかでも映画づくりの方法で鋭い対立、緊張関係にあったのが、ナチスの宣伝相ヨゼフ・ゲッベルスだった。

レニは映画監督として作品製作に全力を注いでいたわけで、ヒトラーやナチスのために尽力したのではない。

## 苦悩したレニ

ドイツ敗戦後、ナチス党員でさえなかったレニが、戦争責任などで非難の的となったのは、無論『オリンピア』やナチス党大会を映像化した『意思の勝利』（一九三五年）を製作したせいだが、いま『オリンピア』を観返して感じるのは、彼女の映像作家（アーティスト）としての創作活動への執念である。

映画の出来栄えは、ナチズムやファシズムとは直接関係ない。いや、そうでないからこそ、ナチスの宣伝に絶大な力を発揮したともいえるわけで、そのことが戦後、彼女を苦しめ続けた。

レニは自分に対する非難について、一九九三年につくられた彼女の半生を描いた長編記録映画のなかで、次のように答えている。

「すまないでは軽すぎるでしょう。でも死ぬわけにはいきません。半世紀以上もそのことで苦しんでいます。〈終わりのない苦しみ〉言葉に尽くせぬ重みです」

また、戦後ナチスの実態を知らされた時は一時期自殺を考えた、と同記録映画のなかで語っている。

現在の日本人が映画『オリンピア』から学ぶべきは、映像の中でにこやかに笑うヒトラーや、翻《ひるがえ》るカギ十字のドイツ国旗の下《もと》で行なわれていた夥《おびただ》しい数の犯罪行為である。

ヒトラーの裏の顔が理解できれば、これから始まる北京冬季オリンピックの場で、多分見ることができる習近平の笑顔に隠された残虐性も分かるはずだ。

『オリンピア 民族の祭典』——走幅跳の表彰式のシーン。金はアメリカのジェシー・オーエンス、銀はドイツのルッツ・ロング、銅は日本の田島直人。ドイツの選手、役員、観客の多くがナチス式の敬礼をしている

『オリンピア』の監督レニ・リーフェンシュタール

我々はレニと違い、中国で現在行なわれているウイグル族へのジェノサイドをはじめ、チベット、南モンゴル、香港への人権侵害の情報を詳しく知っている。そうであるならば、今回の冬季オリンピックにははっきりと反対の立

場をとるべきで、それが事実を知る者の責任だろう。

ベルリンオリンピック開催期間中、選手たちが熱戦を繰り広げていた一方で、どのような出来事があったかについては、二〇一六年にハリウッドが興味深いスポーツ映画を製作しているので、現代のアメリカ人の視点を借りて、当時の状況を振り返ることができる。

その作品は『栄光のランナー 1936ベルリン』。ヒトラーが人種差別政策を封印し、国威発揚のために開催したベルリンオリンピックで、四つの金メダルを獲得した黒人陸上選手ジェシー・オーエンスを主人公とした人間ドラマだ。

## ベルリン五輪との共通項

前述した『オリンピア』でも力走するオーエンスや、走り幅跳びで見事な跳躍を見せる本人の勇姿が何度も映しだされるため、彼が大会参加者のなかで注目の選手だったのは分かるが、本作では記録フィルムでは窺い知れない重要な事実を描いている。

そのくだりについて書いていこう。

ひとつは、オーエンスが男子百メートル走で優勝し、金メダルを授与されたあと、アメリカIOC代表のアベリー・ブランデージに連れられてヒトラーと会うはずの場面。

ヒトラーは姿を現わさず、伝言を頼まれた将校から「総統は、渋滞を避けるため勝者と会わず、早めに帰られた」と告げられる。選手の健闘を讃えるため、通常はどの優勝者にも会っているのに、オーエンスに例外的な対応をしたのは彼が黒人だからである。

『栄光のランナー 1936ベルリン』
発売中DVD ￥4,180(税込)
発売元：TCエンタテインメント
販売元：TCエンタテインメント
提供：東北新社　STAR CHANNEL MOVIES
＊2023年2月の情報です

その場にいたゲッベルスがブランデージに「総統があれと握手をしながら写真に納まると本気で思っているのか?」と差別発言をし、ヒトラーの本音が分かる仕掛けだ。

もう一つは、オーエン

スのオハイオ州立大学時代のコーチ、ラリー・スナイダーが、オリンピック大会中、夜中、ベルリン市内で靴屋を探している時に、ナチスの突撃隊がユダヤ人を拉致《らち》しているのを目撃してしまうくだり。

当然、オリンピック開催中もユダヤ迫害は継続していたわけだから、そのような場面に居合わせた大会参加者もいたに違いない。レニのドキュメンタリー映画では映し出されなかった現実の醜悪《しゅうあく》な姿を、二十一世紀のハリウッド映画はリアルに再現している。

## 岸田政権の及び腰に不安

もう一つ大切なのは、ユダヤ人差別政策を推し進めているナチスドイツで開催されるオリンピックに参加すべきか否かの激論が、アメリカIOC内で交わされる場面。結局、賛成派がわずかの票差で勝ち、参加を決定するが、「オリンピックと政治を切り離すべき」といった賛成派の意見などは、今回の冬季オリンピックに対する各国の議論内容や態度とも重なって見え、興味深い。

しかし注目すべきは、ベルリンオリンピック開催時、ユダヤ迫害が行なわれているとはいえ、その時点ではアウシュビッツ等へのユダヤ人強制収容はまだ始まっていなかったことだ。また、ホロコーストへの転機ともいわれる「水晶の夜」（クリスタルナハト）が起きるのも二年後である。

「水晶の夜」とは、一九三八年十一月九日夜から十日未明にかけてドイツ各地で発生した反ユダヤ主義暴動で、ユダヤ人の居住する住宅地域などが次々と襲撃、放火された。名前の由来は、破壊された店舗のガラスが月明かりに照らされて水晶のように輝いていたからである。

それに対し、中国ではすでに百万人以上のウイグル族が教育施設という名目で強制収容所に送られている。その証拠はいくらでもあげられるが、なかでも重要なのは、迫害を受けたウイグル人自身による数多くの詳細な証言だろう。

加えて、収容所内に囚《とら》われている大勢の姿を撮影した動画や写真がいくつも公表されている。さらには衛星から撮った写真のおかげで、収容所の場所や数も特定されているという。

すでに、中国のウイグル族への人権侵害が公然の事実になっているわけだから、べルリンオリンピックのときよりも北京冬季オリンピックのほうが、はるかにひどい状態である。

以上の動かぬ証拠を踏まえ、アメリカをはじめ各国政府や議会が中国政府のジェノサイドを認定している状況下で、北京冬季オリンピック開催はそもそも、あり得ない。各国の外交的ボイコットは最低限の対応というべきで、その点では、岸田政権が、アメリカやイギリス等がいち早く外交的ボイコットを決めても、日本の立場をなかなか決定できず、ようやく閣僚は派遣しない結果となったが、その及び腰の姿勢には不安を感じざるを得なかった。

これまでも、立憲民主党や日本共産党、朝日、毎日など左派、リベラル派のマスコミが親中派であるのは十分承知していたが、いまや財界や自民党等保守派にも、親中派が隠然たる勢力を占めるようになった。岸田政権が今後中国にどのように対応していくか。国民は注視していかねばならない。

北京冬季オリンピック開催については、まだまだ不透明な状態が続いている。ウイグル族へのジェノサイドや国内の人権侵害だけでなく、開催地北京の隣、天津でオミクロン変異株が蔓延《まんえん》し、同市は準封鎖状態にある。正確な武漢ウィルス感染者数を公表していない唯一つの国ともいわれる中国だけに、今回公表されている感染者数も本当かどうかわからない。

北京冬季オリンピックが成功すれば、ベルリンオリンピックのときのように、歴史に汚名を残す、新たな人権抑圧と侵略戦争への道が開かれるだろう。

（「Ｈａｎａｄａ」二〇二二年三月号　飛鳥新社）

# 映画で蘇る忌まわしき残虐

## ウクライナ侵攻を想起させるソ連の非道とアメリカの真意

『樺太1945年夏 氷雪の門』『君の涙 ドナウに流れ ハンガリー1956』
『ウワサの真相／ワグ・ザ・ドッグ』『赤い闇 スターリンの冷たい大地で』

### ウクライナ侵攻の背後にあるもの

二〇二二年二月二十四日に始まったロシア軍によるウクライナ侵略は、数日でキーウ（キエフ）が陥落するという大方の予想を覆し、ウクライナ国民と軍はロシア軍に手痛い打撃を与え、反撃の戦いを続けている。

当初の計画を達成できなかったプーチン大統領は、核兵器の使用をちらつかせ、欧米諸国がウクライナをバックアップしないよう牽制したが、ＮＡＴＯ（北大西洋条約機構）諸国だけでなく世界各国は、武器を含むウクライナへの支援活動に踏み切った。アメリカとＥＵを中心にロシアへの経済制裁も始まり、ロシアは国際社会から完全に孤立した状態にある。

〝味方〟は中国など共産諸国や一部の国に過ぎず、その中国も侵攻が始まった当初と比べると、援護発言のトーンがかなり落ちた。これは、ロシア軍が原発を攻撃しただけでなく、民間人を標的にし、残虐な殺戮を繰り返す映像が世界中に拡散しているためで、いまではプーチン大統領を戦争犯罪人と呼ぶ声も相当大きくなっている。

そのため、「いままでのプーチンとは違う」「狂気に陥ったのではないか」といった意見も聞かれるが、その評価は当を得たものだろうか。一方、ロシアの侵攻前、アメリカのバイデン大統領が危機の迫っているのを十分承知しながら、あえて「ウクライナへ米軍を派遣しない」との発言を繰り返したのが波紋を呼んでいる。これについてバイデン大統領のいつもの失言や弱腰姿勢を批判するだけで十分だろうか。事情に通じている識者の中には、同政権が戦争を煽ったとの見解も多い。

そこで以上の疑問を解くうえで参考になる映画やテレビドラマをいくつか挙げ、今回のロシア、アメリカ首脳の不可解な行動に隠された真実をあぶり出してみよう。

## 共産主義を物語る作品

　まず、初めに大東亜戦争終了直前、日ソ中立条約を突然破棄して、わが国に攻撃を仕掛けてきたソ連の蛮行を映画化した『樺太１９４５年夏　氷雪の門』（一九七四年）を取り上げる。ドラマは、ソ連軍の侵攻を背景に樺太（サハリン）真岡郵便電信局の女性電話交換手たちの最後を、それぞれの家族との交流を通して描いたもので、人物関係に若干の脚色はあるものの、彼女たちが自殺するまでの経過や戦闘状況は事実に基づき、歴史の検証に耐えうる貴重な戦争映画といえよう。

　作品が完成した時、ソ連側から「反ソ映画」のレッテルを貼られるなど、日本国内での公開に際しても様々な妨害工作が行なわれた。当時は、『戦争と人間』三部作（一九七〇年～七三年）のような左翼的反戦映画が、世論の支持を受ける時代だったから、ソ連軍の戦争犯罪を扱ったケースは珍しく、ＧＨＱの占領時代にルーツをもつ、戦後量産された「反戦平和」映画はもちろん、一般の戦争映画と比べても様相がかなり違う。

しかし、ウクライナへのロシアの侵略を目の当たりにしている現在、本作を観ると、過去の忌まわしい戦争の実態が、今に直結していることにショックを受けるのではないか。ソ連軍に追われ、真岡町へ逃げていく日本の避難民の姿が、ウクライナの一般市民たちと、どうしても二重写しに見えてしまう。途中、河原で水を飲み休息している女性、子供たちを、ソ連軍の戦闘機が機銃掃射を浴びせ殺害するシーンは、現在進行中のロシア軍によるウクライナ市民の殺戮を想起させ、七十七年前の出来事とは思えない。プーチン大統領指揮下のロシア軍が、ソ連軍の悪しき伝統を引き継いでいるのがよくわかる。

一九四五年八月十五日の日本降伏後も、侵攻してきたソ連軍は戦闘を中止せずに進撃を続けた。映画の中には、ソ連軍指揮官の「負けた国（日本）に国際法はない」というセリフに続き、真岡町への攻撃を中止するよう、白旗を掲げ話し合いに赴いた日本軍の交渉団を、ソ連軍が機関銃で殺すシーンが映しだされ、その非道、無法ぶりには、今更ながら怒りがこみあげてくる。

描写された残虐性に加え、戦後のソ連時代から現在に至るロシアのわが国に対する不誠実な態度（領土交渉やシベリア抑留等）は、ウクライナへの侵略問題を考える際、

『樺太1945年 氷雪の門』――ソ連軍の南樺太侵攻にさらされた電話交換手たちの悲劇を描く　DVD発売中／発売：アジア映画社／©「氷雪の門」上映委員会〈パッケージ画像提供：新城 卓事務所〉　＊2023年2月の情報です

忘れてはならない歴史的事実だ。またプーチン大統領の嘘は、彼の出身組織ソ連のKGBでの教育や人生経験と切り離せない。

ウクライナ問題をめぐり、様々な映画が公開され、テレビ放映されているが、日本人が最初に観るべきは、『樺太1945年夏　氷雪の門』である。

次に挙げる作品は、時代がぐっと新しく、近年の東欧とロシアの関係を映し出している『君の涙 ドナウに流れ ハンガリー1956』（二〇〇六年）だ。一九九九年にNATOに加盟したばかりのハンガリーが制作した作品である。ハンガリーの水球チーム代表選手と反体制民主派の女性活動家のラブストーリーを通して、一九五六年、反ソ連の戦いに立ち上がったハンガリー人たちの姿を描いている。

一九五三年のソ連の最高指導者スターリンの死去から三年後、ポーランドで反ソ闘争（ポズナン暴動）が起き、その影響はハンガリーにも波及、首都ブダペストで民主化を求める大規模デモが発生する。ソ連は民主化の動きを封殺するため、大量の軍隊を送り込む。

本作は、スターリンの死をきっかけにソ連共産党内で激しい権力闘争が起き、秘密警察の実権を握っていた党内ナンバー2だったベリヤが失脚。新たにトップの座についたニキータ・フルシチョフによるスターリン批判が、ハンガリーの反ソ世論を高揚させた時代の雰囲気をリアルに再現している。

ソ連の戦車が国境を越え市街地に侵入し、市民に砲撃を加える場面が、今回のロシア軍の攻撃そっくりなのには驚く。現在のようなネット社会など想像もつかなかった米ソ冷戦時代。西側諸国さえテレビが普及する前で、現地から情報入手も限られていたので、日本のマスコミも事態を「ハンガリー動乱」と呼んだ。が、映画を観れば

「動乱」とはごまかしに過ぎず、実態は戦争だったのがよくわかる。現在のプーチン政権もウクライナ侵略を戦争と言わず、「特別軍事作戦」と称し、中国にいたっては「衝突」なる言葉を使用しているが、ソ連崩壊後の現在ではそのような嘘は通用しない。

もう一つ注目すべきは、ハンガリー勤労者党（共産党）政権の手足となっていた秘密警察（ＡＶＯ）による民衆への弾圧、テロの描写である。中でもブダペスト市民が広場に続々と集まり、一部のソ連軍戦車兵も、平和な集会に共感を示し始めた時、ハンガリーのＡＶＯ武装部隊が、いきなり市民に発砲し、大混乱を引き起こすシーンは、共産党政権下の秘密警察の行動を生々しく描写しているので、是非見逃さないでもらいたい。共産党政権による統治の本質は秘密警察による支配で、共産国ではいつの時代でもそのやり方は変わらず、同組織なくして共産主義体制は維持できないのである。

その点、わが国の一部に見られるロシア擁護論の背景には、プーチン大統領に対する誤った認識があるように思われる。一九九一年にソビエト連邦が崩壊し、普通選挙に基づく議会がつくられ、曲がりなりにも言論の自由等が保障され、自由社会へ移行したが、その流れはプーチンが政権の座に就くことによって事実上ストップし、むしろソ連時代を思わせる覇権主義的な抑圧体制へ回帰した。

彼が共産主義思想に反対しているのは重要でなく、大切なのはプーチン政権を当初から支えてきたのが、ソ連の国家資産を払い下げられ、巨万の富を得たオリガルヒ（新興財閥）とＦＳＢ（ロシア連邦保安庁）等、元ＫＧＢや治安関係のエリート層だった事実だろう。新興財閥と共産党の中核を占めるＫＧＢ元幹部たちの癒着政権であるのに目を向ける必要がある。

## 謀略と責任転嫁の政治体質

この構図は、ご存じのように資本主義を導入した中国の体制と極めてよく似ている。共産党が政権を握っているか否かの違いをのぞけば、両体制はあたかも兄弟国のようではないか。そもそもプーチン自身が、謀略や秘密工作、要人暗殺で知られたＫＧＢの元大幹部だったのを忘れてならない。

二〇〇六年には、ロシアからイギリスへ亡命した元ＦＳＢの職員リトビネンコが、暗殺される大事件が起きている。その経過は、日本のマスコミも報道し、世間を騒がせたので記憶している人も多いのではないか。リトビネンコは、何人かのロシア人（内二人は元ＦＳＢ職員）とホテル内の喫茶店で会ったのち体調を崩し入院するが、約三週間後に死亡。本人が入院直後「ＦＳＢの元同僚に毒を盛られた」と述べ、体内から放射性物質のポロニウム２１０が大量に検出された。人工的に製造された核物質によるテロがイギリス国内で起きたのは前代未聞のことである。

その後、似たような暗殺未遂事件が起きているが、同事件については、イギリスＢＢＣがミニシリーズのテレビドラマを放映し、日本でも『ソールズベリ毒殺未遂事件』のタイトルでミステリーチャンネル（衛星放送）が放映した。

概略は、イギリスのスパイだったロシア人セルゲイ・スクリパリが、ロシアと英米のスパイ交換により、イギリスに居住していたが、二〇一八年三月に神経ガス攻撃を受けた。使用されたのは、「ノビチョク」というソ連によって開発された殺傷用化学兵器である。

この事件は、ＦＳＢでなく、犯行時に現場近くにいたロシア連邦軍参謀本部情報総局（略してＧＲＵ）の二人の職員が実行した可能性が高い。ロシアは関与を否定し、ロシアを貶《おとし》めるための英米の謀略だと主張している。今回のウクライナ侵略でも類似した発言が多く、自国の犯行を他に転嫁するのは、彼らの常套手段と考えるべきだろう。

このような情報機関の犯行だけでなく、プーチン政権による大々的な国際法違反も重要である。一九九九年に始まった第二次チェチェン紛争、二〇〇八年のジョージア(グルジア)侵攻、二〇一四年のウクライナ南部クリミア併合、二〇一五年のシリア内戦介入と、クリミア併合を除き、ロシアは常に軍事力を使った残虐な戦争犯罪を行なってきた。にもかかわらず、欧米諸国をはじめ世界は、あからさまな国際法違反に厳しく対処してこなかった。それがプーチン大統領を増長させ、近年は習近平国家主席との公然たる結びつきを生み出したのではないか。だが、ウクライナでの思わぬロシア軍の苦戦は、この間他国への侵略や脅迫を平然と行なってきたロシアや中国にとって、大きな躓《つまづ》きとなった。

## 米国の深謀遠慮を考える

さて、もう一つの謎であるバイデン大統領の「ウクライナへ米軍を派遣しない」という発言について考えてみよう。二月二十四日に戦争が始まってからは、ロシアの軍事侵攻に対し、アメリカが軍隊をウクライナへ送らないのは、核戦争回避のためという大義名分が当然成り立つが、侵攻の情報を正確に把握しておきながら、このような時、使われる警告の常套句、「あらゆる選択肢がテーブルの上にある」がバイデン大統領の口から発せられなかったのは、何といっても不可解である。

むしろプーチンの侵攻決断を促すような言辞が繰り返されたわけだから、戦争を煽ったと批判されても仕方がない。もちろん、ブリンケン国務長官などの側近たちが大統領の発言内容を知らなかったはずはなく、当然政権中枢の意向を反映したものとみるべきである。

そこで、取り上げたいのが『ウワサの真相／ワグ・ザ・ドッグ』（一九九七年）。ガールスカウトの少女と不適切な関係をもった合衆国大統領が、スキャンダルによる支持率低下を挽回するため、偽の戦争をでっちあげるコメディ。映画制作時はビル・クリントン大統領の時代、作品が公開された後、クリントンとモニカ・ルインスキーのスキャンダルが発覚し、描かれた物語と似たような状況が現実となったので、同政権の未来を予見した作品として物議をかもした。

バイデン大統領も昨年八月のアフガニスタンの撤退作戦や国内の経済政策などの失敗が続き、大統領就任史上かつてないほど支持率の低下が急速に進んだ、このままだと、支持率が三十パーセントを割るのも時間の問題で、一期半ばにして既に政権末期の状態である。そのため、中間選挙で大敗が確実視されている民主党が、反プーチンの戦争を煽ったとするのも十分根拠があるといえよう。

また『ウワサの真相／ワグ・ザ・ドッグ』で、大統領派がでっちあげる戦争の場所は、東欧のアルバニア。映画の中で知らない国だというセリフが出てくるが、ウクライナもこれまではほとんどのアメリカ人に知られていない国だったが、同国を含む地域は現政権にとっては、無関係の場所ではない。というのも、国務長官のブリンケンを筆頭に国務次官のビクトリア・ヌーランド等、ウクライナや東欧などにルーツをもつ反ロシア強硬派が重要なポジションを占めている。彼らの政治的立場は、共和党のブッシュ政権で、アフガニスタン・イラク戦争を推進したネオコンと呼ばれる人々と同じだから、同勢力が戦争を煽った可能性を指摘する声もある。それ以外、侵攻前に米露で行なわれていた情報戦で、優位に立とうとしたアメリカ側の思惑など色々と推測できるが、ともかくバイデン政権が本気で戦争を阻止しようとしたかは疑わしい。

## ウクライナの怨念宿る作品

いま、ウクライナの悲惨な事態をテレビやユーチューブの映像で観ながら、バイデン政権が反プーチンプロパガンダのため、戦争を利用しているように感じる人も多いのではないか。ＣＮＮやニューヨーク・タイムズに代表される民主党系マスコミが、反プーチンで論陣を張っているのも本気かどうかつい勘ぐってしまう。

最後にウクライナとロシアの関係を知る上で欠かせない歴史的大事件、スターリン時代のホロドモール（ウクライナ飢饉）を生々しく映像化した『赤い闇　スターリンの冷たい大地で』（二〇一九年）を紹介し、締めくくりとする。

舞台は一九三三年、イギリスのジャーナリストのガレス・ジョーンズは、世界恐慌の中でソ連だけが経済発展している謎を解明するためモスクワを訪れ、その後、当局の監視の目を潜り抜け、全ての鍵を握ると思われるウクライナへ向かう。極寒の大地で彼の見たのは過酷な生活を強いられ、飢えに苦しむ人々の姿だった。

登場人物は主人公のジョーンズをはじめ全て実名で描かれ、当時のモスクワやウクライナの風景など時代の雰囲気も正確に再現されているため、今日のウクライナがロシアをどう見ているかも窺《うかが》い知ることができる。製作国がポーランド、ウクライナ、イギリスだから、いまのハリウッド映画とはだいぶ様子が違い、時代考証もしっかりしているおかげで、ドラマや映像が緊張感と迫力に満ち、ややハードかもしれないが、その分見終わった後の充足感もあり、新たな歴史を発見した気分に浸れる。

中でもピーター・サースガードが演じたニューヨーク・タイムズのモスクワ支局長ウォルター・デュランティの大罪を描いているのに注目すべきである。ガルス・ジョーンズが命がけで取材し報告したウクライナの危機的状況を、デュランティが「飢饉は事実ではないと私が断言しておく」と非難し、ソ連を擁護した歴史的経過を暴露している。いま、ニューヨーク・タイムズの敏腕記者の負の歴史を振り返る意義は大きい。前述したごとく民主党バイデン政権と同党系のマスコミは、表面的にはウクライナを支持し、ロシアを非難しているように見えるが、かつてデュランティがホロドモールの実態を隠蔽し、スターリン体制存続を望んだように、実際は戦争の長期化を容認し、ウクライナの悲惨な現状を放置しているのではないか。

（「正論」二〇二二年七月号　産経新聞社）

『赤い闇 スターリンの冷たい大地で』――スターリン政権下のソ連に潜入、ウクライナの惨状を取材する英記者ガレス・ジョーンズに扮するジェームズ・ノートン

『赤い闇 スターリンの冷たい大地で スペシャル・プライス』
Blu-ray＆DVD好評発売中／1,980円（税込） 発売元：株式会社ハピネットファントム・スタジオ　販売元：株式会社ハピネット・メディアマーケティング

＊2023年2月の情報です

# ドキュメンタリー映画が暴くプーチンの毒殺手口

## 反体制派ロシア人暗殺未遂事件で露わになったプーチン政治の闇

『ナワリヌイ』

### 不審な医師の行動

ウクライナ戦争が混迷を深めるなか、衝撃のドキュメンタリー映画が日本で公開される。ロシア反体制派のカリスマ的人物を描いた『ナワリヌイ』（二〇二二年）である。ロシア政府に毒殺されかけたものの、奇跡的に一命を取り留めたナワリヌイは、自ら暗殺未遂事件の真相解明にのり出していく。カメラは権力と闘う本人に密着し、驚くべき事実を暴き出すのだが……。

『ナワリヌイ』――映画の中でインタビューに答えるアレクセイ・アナトーリエヴィチ・ナワリヌイ〈写真：Everett Collection/アフロ〉

本作はプーチン政治の恐ろしさを映像化しているだけでなく、ロシアの現在を知るうえで必見の内容になっている。

開口一番、いきなりインタビュアーがナワリヌイに対し際どい問いかけをする。「もし殺されるとしたら、ロシアの人々にどんなメッセージを残す？」

本人はちょっと困った顔をして、「そんな質問をするなよ」と軽くあしらいながら、「その時はもう一本映画を撮ってほしい」とはぐらかした。同ドキュメンタリー最後の締めくくりで、同じ質問に答える熱い語り口とはかなり印象が違う。

続いて映し出されるのは、プーチン大統領の強権政治に抗議する集会で、多くの支持者を前に、巧みな話術で聴衆を魅了する姿や、ネット配信動画でカリスマ的な人気を博す活動などがいくつも画面に登場するから、冒頭に出てくるややくだけた調子のインタビュアーとのやりとりは、ざっくばらんで親しみやすい人柄の紹介といった意味があるのかもしれない。映像は一瞬で人物の全体像を語ることができる。

画面はさっそく本題の暗殺未遂事件へ切り替わるのだが、まず同事件の概要を説明すると、二〇二〇年八月二十日、ナワリヌイがシベリアのトムスクからモスクワへ戻る途中、機内で突然意識不明に陥《おちい》ってしまう。

そのため、旅客機はオムスク空港に緊急着陸し、同地の救急病院に搬送され治療を受けることになるが、病院内には得体のしれない屈強な男たちが闊歩《かっぽ》するなど、状況や医師の対応がおかしい。

## 犯人たちの手がかりを入手

不審に思った妻のユリヤと同行していたチームは、同病院の反対を押し切って、意識不明のままの本人をドイツの病院へ移送した。おかげで、ナワリヌイは奇跡的に回復する。

事件について様々な憶測が飛び交《か》うなか、何者かによって彼の飲み物にソ連が開発した殺傷用化学兵器ノビチョクが混入されたことが判明する。九月二日、ドイツのメルケル首相（当時）は、ナワリヌイにノビチョクと同系の神経剤がつかわれたのは「疑いない」とし、のちにその主張が化学兵器禁止機関（ＯＰＣＷ）によって確認された。

映画のなかでも、ブルガリア人の著名なジャーナリスト、クリスト・グロゼフがこう語る。

「ノビチョクは密かに神経の信号伝達を切っていく。やがて死に至るが、毒物の痕跡は数時間で消える。つまり、自然死に見えてしまう」

その説明を聞くと、オムスクの病院が、妻ユリヤによる欧州病院への移送要請を拒否し続けたのは、毒物の痕跡が完全になくなるのを待っていたからではないか。そう疑わざるを得ない。

一方、プーチン大統領は即座に一切の関与を否定した。世界のマスコミを前にした二〇二〇年十二月の年末の記者会見では、「毒殺されるべき存在なら、とっくに殺されている」と薄笑いを浮かべながら発言して、全く悪びれる様子もない。この映像も本作で見ることができる。

そんな時、ジャーナリスト、クリスト・グロゼフは、ロシア警察の捜査など当然あてにできないし、欧州の捜査機関は管轄外だから、このままだと事件の迷宮入りは確実と考え、独自に調査を開始した。

オープンソースの情報やソーシャルメディアを用いる能力に長《た》けたクリストは、しばらくして犯人たちの手掛かりをつかむことに成功する。その調査結果を知らされた映画監督のダニエル・ロアーとプロデューサーたちが、ナワリヌイとクリスト・グロゼフの承諾を得て企画を立ち上げ、撮影を開始した。

## 容疑者たちに直接電話

これまでは、映画が描こうとしているナワリヌイ個人のことについて述べてきたが、すでに書いた内容以外に、療養中のドイツでポニーに餌を与える本人と妻ユリヤのくつろいだ場面や、ロシアへ帰国する父親を心配する娘のインタビューシーン等も数多く盛り込まれているから、本作は権力の横暴と闘う家族の記録フィルムという側面もある。

しかし、やはり最大のハイライトは、クリストの調査結果（実行犯容疑者たちの自宅、職場、本名と偽名、写真等）をシュピーゲル、エル・パイス、CNN三社のマスコミを通して世界に公表する直前、容疑者たちに電話をかける場面だろう。この映像は、インターネットで何百万回以上再生された驚くべき内容である。

調査公表の当日、準備万端で臨むナワリヌイは、電話をかける寸前にも余裕を見せる。最初は諜報《ちょうほう》関係者二人に電話し、「ナワリヌイだが、なぜ僕を殺そうとした？」と尋ねると、すぐ切られる。

そのため三人目の諜報関係者には、「パトルシェフの部下」と名乗り、「上が報告を求めている。トムスクの失敗を説明しろとのことだ」と嘘を言って鎌をかけてみるが、さすが日頃スパイ活動に従事しているだけあってあっさり見破られ「お前の正体は分かっている。じゃな」と切られてしまう。

そこで手ごわい相手を避け、四人目は化学者のコンスタンチン・クドリャフツェフを選び出し、同じように嘘の名を名乗り、「朝早くから悪いが、十分ほどいいか」と問いかけると、「いいとも」と色よい返事が返ってきた。単刀直入に尋ねる。

「トムスクの件はなぜ失敗した。ナワリヌイの作戦の話だ」

最初はコロナで自宅療養中だから、と話すのを躊躇《ちゅうちょ》していたが、ナワリヌイがいかにもロシアの情報関係者らしく振る舞うのですっかり信用してしまい、「失敗の原因と次を成功させる方法」について協力要請をすると、なんとコンスタンチンはこう応じたのである。

「私も同じことを考えていた」

まさか容疑者の一人からこのような返事が返ってくるとは思いもよらなかったので、その場に居合わせた全員がびっくり仰天する。ニセ電話をかけている当のナワリヌイはもちろん、隣にいるクリストの表情が変化していくのを見るだけでも面白い。側近の女性活動家、マリア・ペヴチクは驚嘆するあまり、口に手を当て凍りつく。

## 下着の内側に毒を

このあと、クドリャフツェフは乗っていた旅客機がもっと長く飛んでいれば作戦は確実に成功していたことや、オムスクの病院で証拠隠滅工作が行なわれた経過など暗殺未遂事件について事細かに語り、さらにはノビチョクの使用について、飲み物ではなく「下着の内側、性器が当たるところ」に付着させた方法まで白状してしまう。彼が電話で話した内容を書くと相当な分量になるのでこのあたりでやめにするが、詳しくは映画を観て確認してもらいたい。たぶん啞然《あぜん》とするはずだ。

要人暗殺犯の容疑者が犯行について詳細に語るのを、電話口とはいいながらここまで撮影したのは、歴史上はじめてではないか。

この場面をプーチン大統領はどのような思いで観たのだろうか。大変興味深い。というのも、本作のもう一人の主役は、ほかならぬプーチン自身といってもいいからである。

前述した二〇二〇年の年次記者会見で、記者の質問に答えるプーチン大統領は、

「ベルリンにいる患者の件だが」「例の患者は」「あの人物は」とナワリヌイ当人の名前を絶対口にしない。何かのジョーダンかと思うほどで、つい笑ってしまうのだが。

ナワリヌイの方は、プーチン大統領を名指しで繰り返し批判しているため、両者の批判の仕方は好対照をなしているといえよう。これは、いわば表と裏の関係といってもいいのではないか。つまり、裏（陰）の主役プーチンは、表（本当）の主役ナワリヌイの名前を出せないほど、彼の存在を恐れているということである。ドキュメンタリー映画のレトリックとしてはなかなかうまい。

また、プーチンはこれまでも、様々な政敵や裏切り者を暗殺してきた。最近は、大統領の財産上の秘密を知っていると思われるオリガルヒ（新興財閥）たちが、何人も家族と一緒に不審な死を遂げているが、これも一般に報道されている自殺や内部抗争ではなく、国家機関に殺害されたと考えるべきだろう。

裏切り者に対する暗殺で有名なのは、ロシアからイギリスへ亡命した元ＦＳＢ（ロシア連邦保安庁）の職員リトビネンコが二〇〇六年に、イギリス国内で暗殺されたケース。

この時は殺害に使用されたのがポロニウム２１０という放射性物質だったから世界

中で大騒ぎになり、さすがに日本のマスコミも大きく報道した。

## 支持者を根こそぎ逮捕

近年ではイギリスのスパイだったロシア人セルゲイ・スクリパリが、ロシアと英米のスパイ交換によりイギリスに住んでいたが、二〇一八年三月にノビチョクの攻撃を受け、瀕死の状態に陥った。

同事件は、ナワリヌイの場合と同じ神経剤が使われたので、本作でも事件の起きた市（ソールズベリ）で、防護服を着た部隊が洗浄している映像が映し出される。当時、暗殺未遂に使われたノビチョクとその毒性の強さが伝わるや、市内はパニック状態になった。が、こちらの事件については、わが国ではほとんど知られていない。

イギリス内で起きた両事件とも、ロシアは関与を否定し、ロシアを貶《おとし》める英米の謀略だと主張している。このように自国の犯罪行為を他に転化して謀略と称するのは、彼らの常套《じょうとう》手段である。今回のウクライナ侵略でも同手法はしばしば用いられたが、発想の源はプーチンなのではないか。

例の暗殺関与を一笑に付して否定した年末記者会見でも、大統領は「その男（ナワリヌイ）はCIAの支援を受けている」と何ら証拠を示さずに断言した。彼は平気で嘘をつくことができる。大国の大統領とはとても思えないこのような態度は、謀略や秘密工作、要人暗殺で知られたKGB時代に培《つちか》われたものだろう。

さて、最後に同ドキュメンタリーのクライマックスについて述べる。ベルリン市内の病院での治療と休息によって体調が回復したナワリヌイは、二〇二一年一月十七日、妻のユリヤと一緒にロシアに帰ってくる。機内で記者たちのインタビューに「ロシアが近づくにつれ気分が良くなる」と気軽に答えながらも緊張感は隠せない。帰国すれば、詐欺罪等の容疑で逮捕される可能性が高いからだ。

地上では大勢の支持者が、夫妻を乗せた飛行機が到着するのを待ち受けている。機長は「機械トラブルで着陸できず」とアナウンスし、予定のヴヌコヴォ空港を離れる。この間にロシア政府は警察の大部隊を送り込み、同空港で待っている支持者を根こそぎ逮捕していった。

これらの場面は、二〇二二年二月二十四日から始まったウクライナ侵攻に反対するロシア国民を逮捕するニュース映像そっくりだから、当時、空港で起きた事態が何を意味していたのかがいまになるとよくわかる。ナワリヌイを歓迎しようとする支持者への大弾圧は、ウクライナ侵略への足固めだった。

結局、夫妻を乗せた飛行機は到着地を変更して、近くのシェレメチェヴォ国際空港に着陸。同空港の入管窓口でナワリヌイは逮捕され、刑務所に収監されてしまう。

日本人は、映画のラストに描かれた出来事が、日本と無関係な事件と考えるべきではなく、二〇二〇年には、同じような民衆弾圧や民主主義破壊が香港で一挙に進んだのを想起する必要がある。

ヴヌコヴォ空港での大弾圧が、やがてウクライナ侵略へと進んだように、香港の民主主義圧殺が、中国による台湾、尖閣諸島への侵略戦争に向かっている現実を直視すべきだ。日本国民は、その時のために準備を怠《おこた》ってはならない。

（「Ｈａｎａｄａ」二〇二二年八月号　飛鳥新社）

# 中国戦争映画に宿る台湾侵攻の意図

## 中華映画界の総力を挙げた朝鮮戦争巨編――隠された習近平の覚悟

『1950 鋼の第7中隊』
『時代革命』

### 朝鮮戦争を描くスペクタクル巨編

製作費二百七十億円を超える戦争スペクタクル巨編『1950 鋼の第7中隊』（二〇二一年）が、二〇二二年九月三十日にわが国でロードショー公開された。本作は金日成の北朝鮮軍が「南朝鮮解放」をスローガンに、突如北緯三十八度線を越え、李承晩政権下の韓国に侵攻した朝鮮戦争を題材にしているが、中国映画界の総力をかけた超大作なので、アメリカ軍率いる国連軍と中国軍の激戦「長津湖《ちょうしんこ》の戦い」を中心に両軍の戦闘経過を描いている。いわば、北朝鮮支援のために鴨緑江を渡った中国人民志願兵たちの英雄譚といえよう。

注目すべきは、ハリウッド映画にも進出している主演のウー・ジン（呉京）等、中国人俳優たちの熱演もさりながら、演出にツイ・ハーク（徐克）、チェン・カイコー（陳凱歌）、ダンテ・ラム（林超賢）と三人の中国映画界を代表する監督を起用していることではないか。

中でもチェン・カイコーは『黄色い大地』（一九八四年）を皮切りに、近年中国映画界を牽引して来たリーダー格としても知られ、『さらば、わが愛／覇王別姫』（一九九三年）でニューヨーク映画批評家協会賞、米国批評会議賞、『北京ヴァイオリン』（二〇〇二年）でサン・セバスチャン国際映画祭の監督賞をそれぞれ受賞する等、国際的にも名声を博した実力派である。それだけに、今回制作された戦争映画超大作は、スケールの大きさだけでなく内容の面でも、これまで中国の制作して来た戦争プロパガンダとは、一線を画すものとなった。

たとえば、わざわざハリウッドからアクションスター、ブルース・ウイリスを招き大東亜戦争時の日本軍を悪玉として描いた『エア・ストライク』（二〇一八年）など

『1950 鋼の第7中隊』――朝鮮戦争での中国人民志願軍と国連軍の激闘を描く　

『1950 鋼の第7中隊』
DVD発売中　発売・販売：ツイン

＊2023年2月の情報です

は、ＶＦＸ（視覚効果＝現実にあるものとつくり上げた架空の映像を合成し、違和感のないように仕上げる技術）をはじめドラマ構成がお粗末だったせいで、日本では全く不評だったが、『１９５０ 鋼の第7中隊』は、質量ともに重量級作品としてわが国で評判になるかもしれない。それだけに、政治的には危険で問題のある映画と言えるが、そのことについてはこの後逐次、分析・解説していく。

## 米軍人をも緻密に描写

映画の始まりは、日本が大東亜戦争時に制作した戦意高揚映画『ハワイ・マレー沖海戦』(一九四二年)の導入部を思わせる。主人公伍千里(ウー・ジン)が故郷に帰り両親らと一夜を過ごし、翌日、軍の呼びかけに応え部隊へ戻る場面。まだ若い弟の伍万里(イー・ヤンチェンシー)が「僕も戦争に行く」と言う。

このセリフやその場でのやり取りは、『ハワイ・マレー沖海戦』の冒頭を彷彿とさせるといえよう。中国の映画人たちが、他国の映画づくりをよく研究しているのが分かり、現代中国映画躍進の秘密を垣間見た気がする。

また臨場感溢れる戦闘シーンが、近年のハリウッドの戦争映画(『プライベート・ライアン』や『ブラックホーク・ダウン』等)から多くを学んでいるのは言うまでも

『ハワイ・マレー沖海戦』——映画の冒頭、休暇で故郷に戻ってきた海軍兵学校生徒の立花忠明(右：中村彰)を迎える主人公・友田義一(中央：伊東薫)。友田少年は兄と慕う立花の後押しを受けて予科練を受験、海軍パイロットを目指す

なく、ハリウッド映画界との深い繋がりが、中国映画をより進化させてきた歴史も見逃してはならない。

映画は兄弟の再会シーンから一転、米軍を主力とした国連軍が仁川に停泊している戦艦や揚陸艦の俯瞰ショットに切り替わり、このあたりから盛んに登場するＶＦＸ映像が作品のアクション性を高めていく。ＣＧ（コンピューターグラフィックス）で再現された米軍機のコルセアが、編隊を組み飛行する臨場感あふれる景観は、ハリウッドの戦争大作『ミッドウェイ』（二〇一九年）顔負けの迫力で、中国スタッフによるＶＦＸ技術が相当レベルアップしているのを確認できる。

本作にはコルセア戦闘機以外にも、朝鮮戦争で使用された兵器、たとえば、M26戦車の戦闘場面がふんだんに描かれているから、当時の歴史資料や記録フィルムを丹念に調べあげて、戦闘シーンを再現しているのはまちがいない。

驚くのは、このような史実に基づく映画づくりが、米軍機や米軍戦車等の映像だけでなく、ダグラス・マッカーサーを筆頭に米軍首脳陣の描写や人間関係にも及んでいる点だろう。まず、仁川上陸時の自信に満ちたマッカーサー元帥の姿が映し出される。カメラは足元から徐々に上方に向かい、全身をとらえていくのだが、同撮影手法は、老齢に達した元帥をより若く強く見せるため、GHQ（連合国軍総司令部）の広報担当が報道機関に対し、カメラのアングルまで決め撮影させていたのを想起させる。

そして、上陸したばかりの将兵を前に、例のサングラスをかけた元帥の演説が続く。「この戦争は短期間で終結する」「順調なら、感謝祭の前には終わるだろう」。記者たちの「北緯三十八度線を超えるのか」の質問には「それが朝鮮と世界のためであれば」と当然のごとくイエスと応じる。

この時代、ワシントンにいるトルーマン大統領や参謀本部とマッカーサーは鋭い対立関係にあった。大統領が二度も帰国を促したにもかかわらず、マッカーサーはその要請を拒否しているから、事実上大統領命令に従わない極東の最高司令官が、朝鮮戦争を指揮していたことになる。

二人が初めて会ったのは、ようやく仁川上陸作戦後の一九五〇年十月十五日、太平洋に浮かぶウェーク島での会談。その際、マッカーサーは大統領に対し、敬礼しなかったという重大な儀礼違反まで犯している。この件一つとっても、両者の立場、関係がわかるだろう。そのあたりの事情を含め、仁川上陸作戦前後の雰囲気を映画は的確に表現した。

マッカーサーの意のままに動くアーモンド第十軍団司令官とスミス第一海兵師団長が激しく言い争う場面はその代表例だ。第十軍団司令官は朝鮮半島に分散しているスミス配下の連隊長、大隊長から中隊長にいたるまで、師団を通さずに直接命令を下していた。もちろん、アーモンドの第一師団内での評判は最悪、スミス師団長とのけんか腰のやりとりは、当時の二人の関係を巧みに映し出したものである。

## 習近平に忖度か

以上、米軍内の指揮権の分断や混乱した事態の鋭い映像表現と比較し、中国側首脳陣のくだりは一部の例外を除き、歴史事実から程遠く、凡庸と評さねばならない。毛沢東の英雄然とした姿は、絶対的権力掌握を目指す毛沢東主義者である習近平に忖度したものではないか。同じく、毛沢東の息子が米軍機の爆撃で戦死するエピソードは、その英雄譚の脚色が行き過ぎて、せっかくの戦場の臨場感をだいなしにしている。いかに中国映画人が精進し、作品の質を向上させるため努力しても、中国共産党独裁下では限界があるのを示す象徴的シーンといえよう。

さらに戦場での描き方に苦言を呈するなら、「長津湖の戦い」の撮影に制作側が全力を注いでいるのはよく分かるが、戦闘場面はハリウッド戦争映画と似たリアリズムも散見するとはいえ、やはり香港アクション映画的色彩の方が目立つ。そのため、戦争映画に造詣の深い人には不満足に感じるだろう。これは、人間ドラマの部分を演出したのがチェン・カイコーで、アクション部分を担当したのが香港映画出身のツイ・

ハークと中国アクション映画界を代表するダンテ・ラムだったからで、仕方がないともいえるが。

留意すべきは、中国人民志願兵を現地で指揮した彭徳懐のイメージに誇張はなく、井崗山《せいこうざん》や長征時代から革命の同志だった毛沢東との間柄も不自然さは感じない。ただし、後に彭徳懐は毛沢東の敵、すなわち人民の敵とされ殺されてしまう。そのことは念頭に入れて観るべきである。

## 登場しない韓国・北朝鮮軍

作品中最も奇異に感じるのは、北朝鮮の指導者と軍隊が登場しないことだが、ことの真相に迫るためには、朝鮮戦争の歴史を振り返り、当時の中国と北朝鮮の関係を知る必要がある。

そもそも朝鮮戦争を強力に推進したのは、自己の権力確立を目指し、南北朝鮮統一を主張した金日成だった。当初スターリンも北朝鮮軍の南進に乗り気ではなく、毛沢東も革命運動の経験も浅くソ連軍の将校だった金日成を信用していなかった。が、ソ連製の優れた戦車T34で武装し、元は中国人民解放軍に所属していた北朝鮮軍兵士たちの士気の高さを信頼し、短期間で金日成が韓国を占領すると判断して南進に同意したのである。

しかし、その予想は見事に外れ、アメリカ軍の率いる国連軍の大反撃を招く結果となった。実をいえば、仁川上陸作戦の成功は、マッカーサーの意表を突く計画が功を奏したというより、金日成の失策がもたらしたものである。中国やソ連が国連軍の仁川上陸に備え、防備を固めるよう北朝鮮側に再三警告したにもかかわらず、金日成はその助言を無視した。

また戦争の始まる直前、毛沢東はアメリカが軍事介入した場合、中国が朝鮮との国境に派兵するのを希望するかどうか質問したところ、金日成はその必要はないと強い調子でその申し出を断わったという。彼の返答は「横柄だったよ」と毛沢東は後に自分の通訳にもらしている。

ところが、国連軍が北緯三十八度線を突破し北進を開始すると、金日成はそれまでの態度を一変し、中国に軍の派遣を懇願し始めた。このような指導者を中国が信用するはずはなく、映画の中に出てくる毛沢東が、中国軍を派遣するかどうか悩むシーンは事実といえるだろう。

そう考えると、本作に金日成が全く姿を見せず、北朝鮮軍兵士が一人も画面に出てこない謎もとける。確かに中国映画だから、中国人民志願兵たちの活躍がメインなのは当然だが、朝鮮戦争を舞台にしながら、北朝鮮軍がまったく描かれないのは明らかにおかしい。何らかの事情があるはずで、その主たる理由が前述した当時の金日成の言動にあるのは疑いない。金日成が毛沢東や中国側に対してとった無礼な振る舞いを、例えわずかといえども映し出すのを避けたせいであろう。

習近平と金正恩との微妙な間柄を考えるなら、金日成を画面に登場させなかったのは、映画制作側の立場からすれば賢明な判断だった。米軍内の分裂状況と同じように事実をリアルに再現すれば、金日成の威光を国家統治の基盤にしている孫の威信が揺るぎかねない。韓国については、現在の中韓関係を考慮したからではないか。が、理由はどうあれ米軍と共に戦った韓国軍もまったく画面に姿を見せないのは、いかにも不自然である。

## 戦意高揚を図るのが狙い

本作に限らず、いつの時代につくられた戦争映画も、何らかの形で制作時の政治や社会の在り様を映し出しているものだが、この戦争映画は、扱っている題材が今日、軍事的緊張感が高まっている東アジア情勢と直接連動しているだけに、作品のもつメッセージを正確にとらえる必要がある。

これまで詳述してきたように、画面の中で壮烈な戦闘を繰り広げるのは、中国人民志願兵と国連軍。しかも中国の敵として相対するのは常にアメリカ軍で、連合軍に参加している他国の兵士は一切顔を見せない。軍の指揮官たちも全く同じである。即ち映画は、祖国から遠く離れた地で戦った中国兵たちの栄光を讃えながら、近い将来に予想されるアメリカとの戦争に備えよといっているわけだ。

そこで、朝鮮戦争は「南朝鮮解放」をスローガンに掲げた金日成によってはじめられたのを再度思い出してもらいたい。これは現在、多くの歴史資料によって明確に証明された歴史事実だが、中国の習近平政権はそのようには考えていないとみるべきである。

汽車に乗って北朝鮮との国境へ向かう直前、志願兵第九兵団の司令官・宋時輪が兵士たちの前で熱弁をふるうシーン。「アメリカ帝国主義が我らの隣国朝鮮で戦争を起こした」と、北朝鮮が攻撃を仕掛けたのを十分承知しながら、兵士たちの士気を煽る。今の中国は、歴史家たちが一致して認めている事実さえ、いともたやすく覆してしまう。さらに注目すべきは、宋司令官が「そしてわが新中国に戦火を広げようとしている。我々はどうすべきか」と兵士たちに問いかけると、演説を聴いていた第九兵団全員がこぶしをあげ「戦うぞ、戦うぞ」と一斉に叫ぶ。

この演説と兵士たちの好戦的態度が何を意味しているかは言うまでもない。今日の東アジア情勢を見れば一目瞭然、習近平政権が着々と推し進めて来た中国の台湾侵攻である。二〇二二年八月二日夜のナンシー・ペロシ米連邦下院議長（当時）の台湾訪問をうけて、中国人民解放軍はその直後から台湾を包囲する大規模演習を実施した。元自衛隊の幹部たちは、これは戦争へのステップをペロシの行動を口実にエスカレートさせたと分析しているが、全くその通りだと思う。

案の定、その後中国による台湾への軍事恫喝は、ステップアップした状況を既成事実化した形で進行している。このまま推移していくと、台湾海峡危機、台湾有事は予想以上に早く来るかもしれない。それだけ中国は本気だというのをこの戦争超大作は示しているわけで、日本人の覚悟が問われている。台湾有事は日本の有事であることを肝に銘ずべきだ。

## アチソン演説の轍を踏むな

最後に大切なことを付け加えたい。ペロシの台湾訪問直後の八月四日、中国は大規模演習を開始すると共に、わが国の排他的経済水域（EEZ）内にミサイルを五発撃ちこんできた。ミサイルが着弾したのは与那国島（沖縄県）からわずか約八十キロの地点である。それに対し日本政府は、中国に断固たる抗議の姿勢をとらなかったばかりか、ミサイルが撃ち込まれた当日、国家安全保障会議（NSC）を開催さえしなかった。もし北朝鮮が日本のEEZ内にミサイルを撃ち込んだら大騒ぎになったはずで、今回の重大な挑発行為に対するわが国の反応は、明らかに中国に誤ったサインを送ったといえる。

思い返せば、一九五〇年一月、トルーマン政権の国務長官ディーン・アチソンは、アメリカのアジアにおける防衛線に韓国を加えるのを怠るという重大なミスを犯した。それは今でもアチソン演説として語り継がれ、朝鮮戦争を誘発したといわれている。既に書いたように、当時ソ連のスターリンは、南進に乗り気でなく躊躇していたが、アチソン演説の内容を知って金日成の韓国侵攻に同意した。その代わり、戦車等武器の援助はするが、軍隊は派遣しないとくぎを刺したわけである。

アメリカ軍の仁川上陸以後、敗退を続ける金日成が中国に軍の派遣を懇願したのは、その様なソ連とのやり取りがあったからだ。

今年二月二十四日から始まったロシアによるウクライナ侵略戦争も、ロシア軍の侵攻直前、アメリカのバイデン大統領が、危機が迫っているのを十分承知しながら、「ウクライナへ米軍を派遣しない」という発言を繰り返したのが、侵攻の大きなきっかけとなった。アメリカは再び「アチソン演説」の轍を踏んでしまったといえる。

好戦的な態度で臨む中国に対し、わが国も誤ったサインを送ってはならない。及び腰の姿勢は、かえって戦争を誘発するのを歴史は教えている。それでも習近平政権下の中国が好戦的と思わない人は、是非『1950 鋼の第7中隊』をご覧になるとよい。迫りつつある米中戦争に対する中国人の覚悟が並々ならぬものだと分かるだろう。

## 香港での弾圧を忘れない

なお、香港の民主化運動を記録した『時代革命』（二〇二一年）について取り上げるつもりだったが、論考を書く過程でうまく盛り込めず残念な結果となった。本作は、二〇二一年のカンヌ映画祭でサプライズ上映された衝撃のドキュメンタリー映画だが、日本では既に公開され、ご覧になった人もいるのではないか。

『時代革命』
2023年４月28日発売　DVD ¥5,500（税込）
発売・販売元：マクザム

＊2023年2月の情報です

二〇一九年六月の二百万人に及ぶ大規模デモをはじめ、立法会占拠、香港理工大学での学生たちの闘い、警察による凄まじい暴力場面等が次々と映し出されていく。香港は一国二制度をとっていたが、習近平政権は警察力を背景に同制度を完全に破壊した。台湾の一国二制度も、中国の侵攻により同じようになるのは目に見えている。『時代革命』も併せて観れば、中国の現状認識はさらに深まるはずだ。

（「正論」二〇二二年十一月号　産経新聞社）

# あとがき

「まえがき」では、世界や日本をめぐる情勢と映画で政治・社会を語る意味を説明するのに精いっぱいで、各論考で言及した映画を具体的にはあげられなかった。この「あとがき」で、いくつか作品を簡潔に紹介しておく。

まず、冒頭にあげた『永遠の0《ゼロ》』は近年の日本映画の中で、珍しく大ヒットした戦争映画である。「北朝鮮危機は映画に学べ」の章で解説した『影なき狙撃者』や『五月の七日間』は、一九五〇年代～六〇年代に活躍した映画監督ジョン・フランケンハイマー作品。公開時に大きな話題となり、いずれも映画ファンから傑作との呼び声が高い。

同じ章であつかった『博士の異常な愛情』は、SF映画の金字塔『2001年宇宙の旅』(一九六九年)の監督スタンリー・キューブリック作品だから、いまに至るまでカルト的な人気を維持し続けている。

その他近未来SF映画『華氏451』や政治ミステリー『JFK』が示すように、現代世界の危機的状況を分析するために取り上げたものは、名作やヒット作が実に多い。各時代に制作側が精魂を傾けて創造した映画は、未来を見通していたともいえるだろう。

また『折れた銃剣』『0の決死圏』『若き勇者たち』等が、制作された時代の情勢を映し出していることにも注目すべきである。アクション、娯楽作品のもつ政治社会的意味も軽視してはならない。

近年制作された『スノーデン』『華氏119』のような賛否両論にわかれる問題作は、一方的な見方で裁断すると、作品の本質を見失ってしまう。

それは、公開されたばかりの中国映画『1950 鋼の第7中隊』にもあてはまる。話題作には観客を引き付ける理由がある点に注意すべきだ。本作に象徴される中国共産党お墨付きの好戦映画の中にある現実政治の反映を正確に読み取り、作品分析を通して、東アジアの戦争危機の実態に鋭く迫る映画批評が、今日ほど求められている時はない。

最後に各論考に貴重な意見を寄せていただいた中根東樹氏、大徳俊幸氏、小山俊樹氏に感謝の意を表したい。また、本書の編集に尽力された潮書房光人新社の坂梨誠司氏には心よりお礼申し上げる。

二〇二三年二月吉日

瀬戸川宗太

装幀　伏見さつき
DTP　佐藤敦子

産経NF文庫

世界を予言した映画80本

二〇二三年三月十九日　第一刷発行

著　者　瀬戸川宗太

発行者　皆川豪志

発行・発売　株式会社　潮書房光人新社

〒100-8077　東京都千代田区大手町一-七-二

電話／〇三-六二八一-九八九一(代)

印刷・製本　凸版印刷株式会社

定価はカバーに表示してあります

乱丁・落丁のものはお取りかえ致します。本文は中性紙を使用

ISBN978-4-7698-7057-9　C0195

http://www.kojinsha.co.jp